Karlsruhe

Simone Maria Dietz · Helmuth Bischoff

Diese Symbole im Buch verweisen auf den großen Cityplan!

direkt

Hallo und Willkommen!

15 x Karlsruhe direkt erleben

Zu Gast in Karlsruhe

Hallo und Willkommen!
Unser heimliches Wahrzeichen

In mancher Hinsicht tickt Karlsruhe etwas anders. Im Schloss-garten sitzen die Leute auf dem Rasen, nehmen ein Sonnen-bad oder veranstalten ein Picknick. Weit und breit keine Ver-botsschilder zum Schutz der historischen Grünflächen, die im 19. Jh. als Landschaftspark angelegt und anlässlich der Bun-desgartenschau 1967 erneuert wurden. Für viele Einheimi-sche und Besucher ist der weitläufige Schlossgarten die schönste Freizeitoase der Stadt.

Der Stadtgrundriss

Die klare Symmetrie und Achsenbildung der Karlsruher Innenstadt vereinfachen die Orientierung. Strahlenförmig führen Straßen und Wege vom kreisrunden Schlossbezirk bzw. vom Schlossturm in dessen Mitte in alle Himmelsrichtungen. Richtung Norden gehen die Alleen und Wege vom Schlossgarten direkt in den Hardtwald über. Zwischen den neun Achsen, die vom Schloss nach Süden führen, erstreckt sich die historische Kernstadt, die aus der Vogelperspektive wie ein Fächer aussieht.

Die Kaiserstraße durchbricht als Haupteinkaufsstraße den Fächer in Ost-West-Richtung. Ihren Namen erhielt sie anlässlich der Goldenen Hochzeit des deutschen Kaiserpaares im Jahr 1879. Der Marktplatz, in direkter Achse vom Schloss, bildet den Mittelpunkt der Kaiserstraße. Ebenfalls von Ost nach West verläuft die Kriegsstraße, ein ehemaliger Transportweg für Kriegsgerät. Sie war lange Zeit der südliche Abschluss der Kernstadt. Viele historisch wichtige Gebäude und Sehenswürdigkeiten Karlsruhes befinden sich diesem Bereich.

Dörfle (Innenstadt Ost) ▶ F/G 4

»An Karlsruhe schließt sich ein Dörfchen an, das Klein-Karlsruhe heißt. Dieses Nest dient zu nichts, als den Plan der Stadt Karlsruhe ganz zu verderben und zu verunstalten …«. Soweit eine Chronik aus dem Jahr 1792 zu dem Viertel, das zwar kein namentlicher Stadtteil, wohl aber eine feste Größe in Karlsruhe ist. Im Dreieck aus Kapellenstraße, Adlerstraße und Kaiserstraße in der östlichen Innenstadt gelegen, war es der Wohnort von »Gesindel ohne Stimm- und Bürgerrecht«. Gemeint waren damit Tagelöhner, Soldaten und alleinerziehende Frauen. In den Jahren nach 1970 wurde hier die größte nachkriegsdeutsche Flächensanierung vorgenommen. Altbausubstanz blieb dabei nur im Osten des Viertels erhalten. Heute ist das Dörfle durch studentische Kneipen geprägt. Die Straßenprostitution hat dort in einem kleinen Sperrbezirk ihren Platz.

Weststadt ▶ A–C 3/4

In diesem Bereich der Stadt westlich des Mühlburger Tores stehen noch viele schöne Häuser aus der Jugendstil- und Gründerzeit . Nördlich der Kaiserallee liegt das begehrte Musikerviertel mit Villen der gehobenen Gesellschaft aus der Zeit der Wende zum 20. Jh., südlich die Sophienstraße mit hohen Bürgerhäusern. Dort befindet sich auch der Gutenbergplatz, der schönste Karlsruher Wochenmarkt.

Südstadt ▶ F/G 5/6

Aus der ehemaligen ›Eisenbahnervorstadt‹ südlich der Kriegsstraße und östlich der Ettlingerstraße hat sich inzwischen ein Multikulti-Viertel entwickelt. Der Ausländeranteil beträgt 25 %, was die Südstadt lebendig und vielfältig macht. In den Straßen um den Werderplatz fühlen sich die ›Südstadtindianer‹ am wohlsten. Dieser Spitzname soll entstanden sein, nachdem 1891 Buffalo Bill mit seiner fahrenden Westernshow in der Südstadt gastiert hatte. Möglich ist aber auch, dass sich der Name von den oft rußverschmierten Gesichtern der damals hier ansässigen

Bahnarbeiter ableitet. Wahrzeichen des Stadtteils ist seit den 1920er-Jahren der Indianer-Brunnen am Werderplatz. Ob im Kultkino Schauburg, in den zahlreichen Künstlerateliers und Galerien oder in den verschiedenen Kneipen: Informelle Kommunikationszentren gibt es in der Südstadt viele.

Oststadt ▶ J/K 3/4

Durch die Nähe der Universität ist der östlich an die Innenstadt anschließende Stadtteil studentisch geprägt. Das ehemalige Arbeiterviertel hat sich auf diese Weise dem schöneren Leben zugewandt. Zahlreiche kleine Läden mit individuellen Angeboten, Veranstaltungsorte mit Theater-, Tanz- und Kleinkunstprogramm, der Kreativpark Karlsruhe Alter Schlachthof sowie viele Kneipen und Cafés haben hier ihren Platz.

Durlach ▶ Karte 3 und Karte 4, D 2

Die östlich liegende alte Residenz, die ›Mutter‹ Karlsruhes, ist ein kleines mittelalterliches Städtchen, das 1938 gegen seinen Willen eingemeindet wurde. Bis heute pflegt es mit kompletter Infrastruktur und malerischen Gassen sein Eigenleben. In den Facetten zwischen historischem Flair, schönen Villenvierteln und den leichten Höhen des Turmbergs ist es ein bevorzugter Wohnort für Karlsruher Künstler und Kulturschaffende.

Grötzingen ▶ Karte 4, D 2

Noch etwas weiter nach Osten gelangt man von der ›Mutter‹ zur ›Großmutter‹. Das kleine Dörfchen weist sich urkundlich aus dem Jahr 991 zwar nur als zweitältestes im Stadtgebiet aus, jüngste Funde bezeugen aber eine viel ältere Geschichte. Von sich reden machte es besonders zum Ende des 19. Jh., als Maler hier in der alten Augustenburg eine der bedeutenden Künstlerkolonien gründeten.

Aus der Vogelperspektive zeigt sich der einmalige Stadtgrundriss in Form eines Fächers

Schlaglichter und Impressionen

Von Geburt an tolerant

Was 1715 mit einem Privilegienbrief begann, lässt sich im Geist der Freidenker noch heute spüren. Zur Geburtsstunde der Stadt ließ Markgraf Karl Wilhelm von Baden-Durlach ein Dokument veröffentlichen, das alljenen, die sich in seiner neuen Stadt ansiedeln wollten, für jene Zeiten ungewöhnlich weitreichende Freiheiten, Privilegien und Vergünstigungen zusicherte. Neben der Religionsfreiheit und der zeitweisen steuerlichen Befreiung erhielten die neuen Bürger einen kostenlosen Baugrund sowie Holz und Sand. Sie mussten sich keiner Leibeigenschaft und deren Diensten unterordnen, sie erhielten eine eigene untere Gerichtsbarkeit und vieles mehr. Über die Zeit der ersten Badischen Verfassung 1818 und der Revolution 1848 wurde der Grundsatz von Freiheit und Toleranz bis heute in Karlsruhe weitergetragen. Davon zeugen in jüngster Vergangenheit Projekte wie beispielsweise der Europäische Stadtbrief, der die Bedeutung der Zukunft von Kunst und Kultur in den Städten Europas aufgreift. Oder auch das Studium zum Profibürger an der Hochschule für Gestaltung (HfG), das der Hochschuldirektor und Philosoph Peter Sloterdijk sowie der Künstler und Kunsttheoretiker Bazon Brock initiierten.

»Symbadisch«

Karlsruhe besticht durch seine gelassene und weltoffene Lebensart. Zwar ist der Badener – nur nicht Badenser sa-

Auf dem Friedrichsplatz spendet eine Brunnenfontäne im Sommer angenehme Erfrischung

gen.! – manchmal etwas mundfaul, dafür aber auch verbindlich in wichtigen Fragen. Die behäbige Beamtenmentalität und das ausschließliche Geradeaus-Denken gehören in der jungen Unistadt längst der Vergangenheit an. Querdenker sind nicht nur geduldet, sondern beliebt. In Karlsruhe ist man recht zufrieden mit sich und der Welt bzw. der Stadt. »Mir wohne gern do«, sagen über 80 % der Bürgerinnen und Bürger. In Umfragen nimmt die Stadt in puncto Wohnzufriedenheit und Lebensqualität im süddeutschen Raum regelmäßig einen Spitzenplatz ein.

Auf der Sonnenseite

Zu den in Karlsruhe gerne genannten Superlativen gehört die Behauptung von der deutschen Stadt mit den meisten Sonnenstunden übers Jahr. 1691 nämlich. Wer bietet mehr? Lustvoll ausnutzen kann man diesen Vorteil jedenfalls vom Frühjahr bis weit in den oft milden Herbst in den unzähligen Biergärten und Terrassenlokalen. Oder auf den populären Plätzen wie dem Ludwigsplatz als Treffpunkt aller Generationen, dem Marktplatz als Forum und ursprünglichem Paradeplatz der Stadt, dem Friedrichsplatz als zentralem Naherholungsort und vielen anderen. In den zahlreichen Gärten der Innenstadt ist der Himmel das schönste Dach über dem Kopf. Sollte es zu heiß werden, dann locken attraktive Freibäder und 22 Badeseen in unmittelbarer Stadtnähe.

»Ärmel hochkrempeln und energisch anpacken«!

Eine andere Devise war in Karlsruhe nach dem Zweiten Weltkrieg gar nicht möglich. Die Stadt in unmittelbarer Nähe der deutsch-französischen Grenze war weithin ausgebombt und zerstört worden. Viele Wohn- und Repräsentationsbauten lagen 1945 in Schutt und Asche. Allein der Wiederaufbau des Schlosses war ein enormer Kraftakt. Bei der Bundesgartenschau 1967 erstrahlte es wieder in altem Glanz. Und aus dem Kriegsfeind Frankreich war inzwischen ein Freund geworden.

Forscher und Tüftler

Mit den Herren Drais und Benz waren in Karlsruhe im 19. Jh. zwei Tüftler aktiv, denen es gelingen sollte, »die Welt auf Räder zu stellen«. Karl Freiherr Drais von Sauerbronn (1785–1851) entwickelte mit der Draisine den Vorläufer des Fahrrades, und Carl Benz (1844–1929) ließ sich von anfänglichen Misserfolgen auf seinem Weg zum Automobil nicht beirren.

Bahnbrechende Entdeckungen wurden auch an der Technischen Hochschule Karlsruhe, einem Vorläufer des Karlsruher Instituts für Technologie, gemacht. 1887 erforschte Karlsruhe Heinrich Hertz (1857–1894) an der TH die elektromagnetischen Wellen und machte damit den Weg zur Informationstechnologie frei. Fritz Haber (1868–1934) gelang 1909 die synthetische Herstellung von Ammoniak als wesentlichem Bestandteil von Kunstdünger. Seine Forschungsarbeit sollte die Welternährungssituation deutlich positiv beeinflussen.

Seit den 1970er-Jahren profiliert sich Karlsruhe insbesondere im IT-Bereich. So empfing die Fakultät für Informatik im August 1984 die bundesweit erste E-Mail. Damit brach auch in Deutschland ein neues Zeitalter der Kommunikation an. Heute tüftelt man u. a. an humanoiden Robotern. Das Haus der Zukunft, das Energy Smart Home Lab, ist auf dem Campus Süd des KIT zu entdecken. Damit Karlsruhe auch zukünftig in der Liga der Spitzenforschung eine gute Position einnimmt, spornt der Wissenschaftspreis »osKarl« junge Tüftler an. Was so alles in Karlsruhe erdacht und erforscht wird, kann ein breites Publikum auf Festivals wie EFFEKTE entdecken.

Denkfabrik Karlsruhe

Fünf Karlsruher Köpfe zählen zu den Top 100 der Cicero-Intellektuellenliste. Die Zusammenballung großer Geister hat in Karlsruhe Tradition: Schon die junge Residenzstadt zog ab der zweiten Hälfte des 18. Jh. Dichter und Denker wie Kleist, Goethe und Voltaire in ihren Bann. An insgesamt neun Hochschulen bildet Karlsruhe junge Menschen zu Denkern der Zukunft aus. Wiederholt hat Karlsruhe bei den offiziellen Hochschul-Rankings die vorderen Plätze belegt, allen voran der Studiengang Informatik am Karlsruher Institut für Technologie (KIT).

Bühne frei

Kunst und Kultur spielen in Karlsruhe seit der Stadtgründung eine wichtige Rolle, und zwar nicht nur als Zeitvertreib für Adel und Großbürgertum, sondern als Lebenselement für die gesamte Bevölkerung. Der Brand des von Friedrich Weinbrenner erbauten Hoftheaters im Jahre 1847 kostete 65 Menschen das Leben, darunter viele Dienstmädchen und Handwerksburschen. Aufgrund des tragischen Ereignisses weiß man, dass schon früh eine breite Schicht am Theater interessiert war. Auch heute weist das Karlsruher Publikum eine angenehme Durchmischung auf, bietet doch die ungeheuer vielfältige Kulturlandschaft Unterhaltung für jeden Geschmack. So nehmen sich das Staatstheater und das Tollhaus, die beiden bestbesuchten Kulturzentren der Stadt, in keiner Weise die Butter vom Brot. Klassisches Theater, Kleinkunst, Avantgarde und Experiment – die Grenzen sind fließend, und das Publikum freut sich an Bekanntem ebenso wie an Neuem. Zur Unterhaltung tragen im Jahresverlauf auch zahlreiche Feste und Events bei, allen voran Das Fest. Dieses spektakuläre Openair-Festival ebenso wie die Europäischen Kulturtage, das internationale Zeltival im Tollhaus oder

Besucher bei der Eröffnung des Lifecycle Engineering Solutions Center am KIT

Klassik am Turm in Durlach präsentieren die Musik in all ihren Facetten, von Klassik bis Schlager, von Neuer Musik über Jazz bis Pop.

Schöne Künste und mehr

Ein Vorzeigeprojekt der Stadt ist das Zentrum für Kunst und Medientechnologie (ZKM). Seit 1997 macht es in der Zusammenschau von Kunst und neuen Medien international Furore und lockt jährlich über 200 000 Besucher an. Mit der Staatlichen Kunsthalle, der Städtischen Galerie und dem Badischen Landesmuseum verfügt die Stadt über weitere hochkarätige Sammlungen. Längst ist die Zeit angestaubter Konzepte in allen Museen, Ausstellungshallen und Veranstaltungsorten vorbei. Vielerorts heißt es: »Anfassen der Exponate erwünscht«. Zum Renommee der Kunststadt Karlsruhe tragen neben der art KARLSRUHE auch eine Reihe von etablierten und jungen, experimentellen Galeristen sowie der Badische Kunstverein bei. Künstler aus Karlsruhe und Baden setzen die Städtische Galerie und verschiedene Galeristen regelmäßig in Szene.

Kreativstandort Karlsruhe

Karlsruhe beschäftigt mehr als 10 000 Menschen in der Kreativ- und Kulturwirtschaft – Tendenz steigend! Der zukunftsträchtige Wirtschaftssektor findet in der Universitätsstadt und IT-Hochburg ein besonders günstiges Klima. Das Zentrum für Kunst und Medientechnologie, die Hochschule für Gestaltung – einer der beliebtesten Ausbildungsstätten für angehende Designer in Deutschland, die Akademie der Bildenden Künste und die Musikhochschule tragen Sorge, dass das Potenzial an kreativen Köpfen in Karlsruhe stetig wächst. Zudem bildet die vielschichtige Kulturszene der Stadt eine fruchtbare

Manche **Abkürzungen** sind in Karlsruhe selbstverständlich geworden. Damit auch Gäste sie verstehen, hier die wichtigsten im Überblick.
BNN: Badische Neueste Nachrichten (seit langem die konkurrenzlose Tageszeitung mit regionaler Verbreitung)
BGH: Bundesgerichtshof
BVG: Bundesverfassungsgericht
Jubez: Jugend- und Begegnungszentrum (1982 gegründet)
KASIG: Karlsruher Schieneninfrastruktur-Gesellschaft
KIT: Karlsruher Institut für Technologie, ein Zusammenschluss der Universität und des Forschungszentrums Karlsruhe
KMK: Karlsruher Messe- und Kongress-GmbH
KVV: Karlsruher Verkehrsverbund
ZKM: Zentrum für Kunst und Medientechnologie.

Basis für die Kreativwirtschaft. Nicht zuletzt profitiert sie erheblich vom Technologiesektor, von der engen Verknüpfung von künstlerisch-kreativem und technischem Know-how. Existenzgründern bietet der Kreativpark Alter Schlachthof in historischen Gebäuden adequaten Raum, um zukunftsorientiere Arbeitsplätze zu schaffen.

Frisch, jung und innovativ

Diese Schlagwörter sind wie geschaffen für die TechnologieRegion Karlsruhe, zu der sich 1987 die Gemeinden und Landkreise von Bruchsal bis Baden-Baden zusammengeschlossen haben. Acht Gründerzentren unterstützen junge Unternehmer bei der Umsetzung ihrer Ideen in eine tragfähige wirtschaftliche Existenz. So positioniert sich die Region hervorragend als Standort für hochtechnologische Forschung, Entwicklung und Produktion.

Messestadt

Seit der Eröffnung des neuen innovativen Messekomplexes in Rheinstetten im Herbst 2003 konnte sich Karlsruher Messe- und Kongressgesellschaft international gut positionieren. Vor allem die Bereiche Informationstechnologie und Investitionsgüter, Medizin und Medizintechnik, aber auch Kunst und Bildung, Tourismus und Freizeit haben Karlsruhe als Messestandort entdeckt. Dass Karlsruhe die wirtschaftsstärkste Region in Baden-Württemberg ist und auch in mehreren deutschlandweiten Rankings unter den Top Ten liegt, beflügelt das Messe- und Kongressgeschäft. Vor allem die Zukunftsbranchen boomen in der Hochschulstadt und führenden deutschen IT-Metropole. Neben dem Messegeschäft und dem Kongresswesen organisiert die KMK auch den Stadttourismus und verfügt über mehrere Hallen mit topmoderner Ausstattung für Großveranstaltungen jeder Art.

Auf die Schiene gesetzt

Von Karlsruhe aus kann man mit der Stadtbahn in den Schwarzwald, nach Baden-Baden und bis nach Heilbron in der Pfalz fahren, mit der Regionalbahn sogar bis ins Elsass nach Weißenburg. Die Besonderheit des Nahverkehrssystems, bei Experten als Karlsruher Modell bekannt, besteht darin, dass die Stadtbahnen außerhalb der Stadt auch Eisenbahnstrecken nutzen können. Dazu wurden eigens Fahrzeuge entwickelt, die für die beiden unterschiedlichen Arten der Stromzufuhr bei Eisenbahn und Straßenbahn gerüstet sind.

Daten und Fakten

Bevölkerung: Karlsruhe hat knapp 300 000 Einwohner und ist dabei im vergangenen Jahrhundert um 200 000 Einwohner gewachsen. Über 37 000 Studentinnen und Studenten an neun Hochschulen prägen insbesondere das Bild von Innen- und Oststadt.

Lage und Fläche: Karlsruhe liegt in der waldreichen Oberrheinischen Tiefebene am Rande des Schwarzwalds. 17 346 ha Stadtfläche werden von 82,4 km Stadtgrenze umschlossen, wovon 11,5 km entlang des Rheins auch die Landesgrenze von Baden-Württemberg zu Rheinland-Pfalz darstellen. Mit 29 % Grün- und Waldfläche und 27,6 % bebauter Fläche halten sich Natur und Städtebau auf angenehme Weise die Waage. Im Stadtgebiet gibt es 17 Naturschutzgebiete.

Verwaltung: Von 48 Sitzen im Gemeinderat gingen 2009 bei den Wahlen 14 Sitze an die CDU, zehn an die SPD, zehn an die Grünen, sechs an die FDP, drei an die KAL (Karlsruher Liste) und je zwei an die Freien Wähler und an Die Linke, einer an Gemeinsam für Karlsruhe. Die Wahl zum Oberbürgermeister im Dezember 2012 konnte Frank Mentrup (SPD) klar für sich entscheiden. Damit verlor die CDU nach 42 Jahren den Spitzenposten im Rathaus.

Wirtschaft: Als Zentrum der TechnologieRegion Karlsruhe gehört die Stadt zu den bedeutenden deutschen Hightech-Standorten. Zu den namhaften Unternehmen, die hier ihre Zentrale oder wichtige Niederlassungen haben, zählen u. a. Bosch, CAS, 1&1, WEB.DE, EnBW, L'Oréal, Michelin und Siemens. Der Rheinhafen, einer der großen europäischen Binnenhäfen, verzeichnet einen jährlichen Güterumschlag von ca. 6 Mio. t.

An Systemtrennstellen wird automatisch von Wechsel- auf Gleichstrom umgeschaltet und umgekehrt. Der Fahrgast bemerkt davon nichts. In der Stadt ist die Straßenbahn mit ›eingebauter Vorfahrt‹ unterwegs. Das heißt, an Ampelkreuzungen räumt die Signaltechnik den Bahnen automatisch den Vorrang ein. So ist ein zügiges Vorankommen garantiert. Die Kombilösung, eine Untertunnelung der Innenstadt für Bahn und Auto, wird dazu beitragen, dass die Innenstadt und die Fußgängerzone weiter an Attraktivität gewinnen.

Das Stadtwappen von Karlsruhe

Unterwegs auf zwei Rädern

Karlsruhe zählt zu den zehn attraktivsten Fahrradstädten Deutschlands und macht damit Karl Freiherr Drais von Sauerbronn alle Ehre. 150 km Fahrradwege garantieren Zweirädern freie Fahrt. Ausflügler kommen direkt hinter dem Schloss im Hardtwald auf ihre Kosten oder genießen die ausgesprochen grüne Stadt entlang der Alb, des Pfinztals oder im Naturschutzgebiet in den Rheinauen. Auch die Erstwohnsitzkampagne für Studierende setzt aufs Fahrrad: Unter den jungen Neubürgern werden jedes Jahr mehrere Hundert knallrote Draisler-Räder verlost.

Der Karlsruher Fächer

Die jüngste Großstadt Deutschlands wurde 1715 mit dem Bau des Residenzschlosses durch Markgraf Karl Wilhelm gegründet. Sein Grab auf dem Marktplatz wird durch eine große Pyramide aus Stein, dem Wahrzeichen Karlsruhes, überwölbt. Nach dem Willen des Stadtgründers sollte es möglich sein, das Schloss von jedem Punkt der Stadt aus zu sehen. So folgt die Stadtanlage dem Prinzip eines aufgeschlagenen Fächers, dessen Mittelpunkt der begehbare Schlossturm darstellt. Zur Stadt hin zeigen sich die Achsen als neun historische Fächerstraßen mit Südausrichtung. Die mittlere der Fächerstraßen, die geradeaus zum Schloss hinführt, heißt Karl-Friedrich-Straße. Entlang dieser Zentralachse finden sich die Standbilder und Statuen der markgräflichen Familie. Fächer- bzw. strahlenförmig verlaufen auch die Alleen in den nördlich vom Schlossgarten gelegenen Hardtwald.

Stadtwappen

Das Stadtwappen hat einen roten Hintergrund, der von einem silbern eingefassten goldenen Schrägbalken durchzogen wird. Dieser trägt den Schriftzug »FIDELITAS«, das bedeutet Treue. Der Name verweist auf den Hausorden, den Markgraf Karl Wilhelm zusammen mit der Stadt gründete. Ihm gehörten zunächst neben dem Markgrafen neun ausgewählte Adlige an, die in einem Zeremoniell kurz vor der Grundsteinlegung des Schlossturmes am 17. Juni 1715 ausgezeichnet wurden. Noch heute erinnert die Herrenstraße mit ihrem Namen an die ersten Träger des Fidelitas Ordens. Das Stadtwappen selbst ist seit 1717 in Kraft, hat seine heutige Farbgebung allerdings erst 1895 erhalten.

Karlsruhes Wurzeln

Als die Stadt Karlsruhe im frühen 18. Jh. gegründet wird, ist das Gebiet, das die heutige Großstadt einnimmt, längst besiedelt. Die Geschichte der kleinen, mittlerweile eingemeindeten Dörfer wie Knielingen, Grötzingen oder Beiertheim, die um das junge Zentrum herum liegen, reicht bis weit ins frühe Mittelalter zurück. Funden zufolge, die man auf dem heutigen Siedlungsgebiet gemacht hat, gibt es bereits 200 n. Chr. erste Niederlassungen. Mit der Lehensherrschaft und der Übernahme zahlreicher Besitztümer durch das Haus Baden sowie der Gründung des Klosters Gottesaue und der Stadt Durlach steigt die Bedeutung der Region. Als nach der Reformation die badischen Ländereien aufgeteilt werden, verlegt der protestantische Markgraf Karl II. den Sitz seiner Residenz von Pforzheim nach Durlach. Von hier aus sind die politischen Strukturen seines Landes besser zu verwalten. Während des Pfälzischen Erbfolgekrieges, bei dem die französischen Truppen Dörfer und Städte im Grenzgebiet plündern und niederbrennen, wird 1689 auch die Residenz Durlach nahezu zerstört. Obwohl man die Stadt und zunächst auch einen Teil des Herrschaftshauses wieder aufbaut, entscheidet sich der junge Markgraf Karl Wilhelm nach dem Tod seines Vaters, eine neue Stadt zu gründen. Im Juni 1715 wird der Grundstein zum Bau des neuen Schlosses gelegt und damit Karlsruhe gegründet.

Eine bedeutende Residenz

Unter dem Enkel des Stadtgründers Karl Friedrich entwickelt sich die Stadt seit der zweiten Hälfte des 18. Jh. enorm weiter. Durch die Erbschaft der ehemals katholischen Landesteile und den Einfluss Napoleons wächst die Bedeutung Badens und damit seiner Residenz. Es zieht viele Dichter und Denker – unter ihnen Kleist, Goethe und Voltaire – in die Stadt. Auch einige Söhne der Stadt leisten Großes: So prägt der Architekt Friedrich Weinbrenner mit seinen klassizistischen Bauwerken maßgeblich das Stadtbild, während Karl Freiherr Drais von Sauerbronn mit der Erfindung seiner Draisine die Stadt Karlsruhe überall in Europa bekannt macht. Auch politisch gehört Baden zu den modernsten deutschen Fürstentümern, als Großherzog Karl 1818 die Badische Verfassung als freiheitlichste des frühen Konstitutionalismus unterzeichnet. Vier Jahre später wird in Karlsruhe mit dem Ständehaus auch das erste deutsche Parlamentsgebäude eröffnet.

Demokratisches Gedankengut

Trotz der aufständischen Zeiten der Badischen Revolution 1848/49, bei der die Freiheitskämpfer maßgeblich durch die preußischen Truppen niedergeschlagen werden, lebt der neue, demokratische Geist in der Stadt weiter. Der junge, im Stadtteil Mühlburg geborene Carl Benz genießt in Karlsruhe seine Ausbildung und Jugend, bevor er später als Urvater des Automobils Geschichte schreibt. Das erste deutsche Mädchengymnasium kann aufgrund der bildungspolitischen Offenheit des Badischen Hauses in Karlsruhe zwischen der Wald- und Sophienstraße den Betrieb aufnehmen. Nach der Novemberrevolution 1918 wird Karlsruhe Hauptstadt des Freistaates Baden. Modernes Bauen zeigt sich ab 1929 südlich des Bahnhofes, wo unter der Leitung des bekannten Walter Gropius die Dammerstock-Siedlung im Bauhausstil entsteht.

Entwicklung zur Forschungs- und Medienstadt

Bei schweren Luftangriffen im Zweiten Weltkrieges wird die Kernstadt stark zerstört und auch die umgebenden Stadtteile werden kaum verschont. Trotzdem bietet die Lage Karlsruhes der jungen Bundesrepublik die Möglichkeit, in den erhaltenen geräumigen Palais mit dem Bundesgerichtshof und der Bundesanwaltschaft (1950) sowie dem Bundesverfassungsgericht (1951) ihre bedeutendsten rechtlichen Institutionen anzusiedeln. Allerdings verliert Karlsruhe nach Kriegsende die Funktion als Landeshauptstdt. Auch in der Folge zeigte sich die Stadt offen gegenüber Modernisierungsimpulsen in Bildung und Kultur. 1962 wird die erste Europäische Schule Deutschlands gegründet,

1997 entsteht mit dem ZKM ein international beachtetes Kunst- und Medienzentrum, 2006 eröffnet der Zusammenschluss von Universität und Forschungszentrum Karlsruhe zum Karlsruher Institut für Technologie (KIT) zukunftsweisende wissenschaftliche Wege. Und es ist abzuwarten, welch spannende Neuerungen hier noch folgen werden.

Blick nach vorne

In den nächsten Jahren soll der Schienenverkehr insbesondere im Bereich der Fußgängerzone und des Marktplatzes unterirdisch verkehren. Das große Areal des Schlachthofes östlich des Durlacher Tors, Standort der beliebten Kultur- und Musikbühne Tollhaus, wächst zu einem Zentrum der Kreativwirtschaft. Der Landschaftspark Rhein ist gerade dabei, sein Potenzial als Ausflugs- und Veranstaltungsort zu entdecken. Pläne genug, um die große Party zum 300. Stadtgeburtstag im Jahr 2015 adäquat vorzubereiten.

Das jährliche Draisinenrennen erinnert an den Karlsruher Erfinder Karl Freiherr Drais von Sauerbronn

Anreise

Mit dem Auto

Karlsruhe ist westlich aus Richtung Rheinland-Pfalz über die A 65 zu erreichen. Im Osten der Stadt treffen die A 5 aus Richtung Basel bzw. Frankfurt sowie die A 8 aus Richtung Stuttgart/München aufeinander. Von den Abfahrten Karlsruhe Mitte bzw. Karlsruhe Durlach ist das Zentrum über die Durlacher Allee bzw. die große Umgehungsstraße, die Südtangente, in weniger als zehn Minuten zu erreichen.

Seit 2009 hat Karlsruhe die **Umweltzone** eingeführt. Ein Fahrverbot für die Schadstoffgruppe 3 gilt seit dem 1. Januar 2013, damit können nur noch Fahrzeuge mit einer grünen Plakette in die Bereiche einfahren. Eine Karte zur Umweltzone und der Antrag zu einer Ausnahmegenehmigung finden sich unter: www.karlsruhe.de/b3/natur_und_umwelt/umweltschutz/luftreinhaltung/umweltzonen.de

Es ist mpfehlenswert, sein Auto außerhalb stehen zu lassen und das umfangreiche Straßenbahnnetz zu nutzen. **Park and Ride Plätze** sind im Internet verzeichnet: vmz.karlsruhe.de/entry-tba_ParkAndRide/new_index.jsp.

Das **Karlsruhe-Ticket** ermöglicht Gästen, die mit der Bahn anreisen, die kostenlose Weiterfahrt mit den Karlsruher Bahnen. Auf der Karte muss dazu der Zusatz »Karlsruhe + City« aufgedruckt sein. Weitere Informationen unter www.kvv.de/fahrkarten/fahrkartenpreise/city-ticket-db.html.

Aufpassen sollte man auf ›Blitzer‹, die vor allem an der Südtangente über die Geschwindigkeit wachen.

Mit der Bahn

In Karlsruhe halten alle InterCity-Express-, Euro/InterCity- und InterRegio-Züge sowie der TGV. Ohne Umsteigen reist man in 35 Min. aus Stuttgart oder in 60 Min. vom Flughafen Frankfurt aus an. Paris liegt nur drei Bahnstunden entfernt. Der **Bahnhof (▶ F 7)** liegt etwa zehn Minuten zu Fuß von der Innenstadt entfernt. Direkt vor dem Ausgang befindet sich die Straßenbahnhaltestelle, von der aus der Martktplatz ohne Umsteigen zu erreichen ist.

Mit dem Flugzeug

Der **Baden-Airpark** in Rheinmünster-Söllingen liegt etwa 30 km südlich von Karlsruhe an den Verkehrsadern A 5, B 36 und B 500. Als Flughafen der kurzen Wege findet er immer mehr Zuspruch und wird von zahlreichen Airlines angeflogen. Er ist über die B 36 und B 500 gut erreichbar bzw. bindet umgekehrt neben Karlsruhe zahlreiche Städte wie Baden-Baden, Heidelberg oder das benachbarte Elsass an. Parkplätze sind in großer Zahl vorhanden, es bieten sich aber die Verbindungen nach Karlsruhe durch die Bahn und den Busverkehr an, Mietwagen stehen natürlich ebenfalls zur Verfügung. Nähere Informationen: www.baden-airpark.de.

Feiertage

Neujahr (1. Jan.), Karfreitag und Ostermontag (Ende März/Anfang April), Tag der Arbeit (1. Mai), Christi Himmelfahrt (Mitte/Ende Mai, 6. Do nach Ostern), Pfingstmontag (Ende Mai/Anfang Juni, 2. Mo nach Himmelfahrt), Fronleichnam (Anfang/Mitte Juni, 2. So nach Pfingsten), Tag der Deutschen Einheit (3. Okt.), Allerheiligen (1 .Nov.), Weihnachten (25./26. Dez.).

Feste und Festivals

Händelfestspiele: Ende Feb., www.haendel-karlsruhe.de. An den Tagen um den Geburtstag von Georg Friedrich Händel (23.2.1685) widmet sich das Badische Staatstheater seit 1978 jährlich für etwa zehn Spieltage dem Opernschaffen von Händel.

art KARLSRUHE: Anfang März, www.art-karlsruhe.de. Die art Karlsruhe hat sich in den letzten Jahren als angesehene internationale Kunstmesse für klassische Moderne und Gegenwartskunst etabliert. Über 48 000 Besucher begeisterten sich zuletzt für die Exponate , die auf mehr als 35 000 m² Ausstellungsfläche präsentiert wurden. 2013 feiert die art Karlsruhe ihr zehnjähriges Jubiläum.

Europäische Kulturtage: März/April in geraden Jahren, www.europaeische-kulturtage.de. Ein Festival, das alle zwei Jahre stattfindet. 2012 ging es erstmals nicht um eine Metropole. Stattdessen wurde das Festival dem Karlsruher Komponisten Wolfgang Rihm gewidmet.

Museumsfest Badisches Landesmuseum: Mitte Mai alle zwei Jahre, www.landesmuseum.de. Drei Tage im Frühsommer mit Konzerten, Lesungen, Modeschauen, Theater, Kinderveranstaltungen, kulinarischen Angeboten.

Frühjahrsmess': Ende Mai/Anfang Juni, www.karlsruhe.de/b3/maerkte. Die Karlsruher (Kinder) lieben den Rummel nach wie vor. Zehn Tage lang locken auf dem Messplatz ein Riesenrad, Würstchenbuden und zuckersüße frische Lebkuchenherzen.

Schlossfestspiele Ettlingen: Anfang Juni–Mitte Aug., www.ettlingen.de. Eine Institution in der Karlsruher Nachbarschaft. Jeden Sommer finden im barocken Innenhof des Ettlinger Schlosses unter regensicherem Zuschauerdach Theateraufführungen statt.

Hoepfner Burgfest: Pfingsten, www.hoepfner.de/burgfest. Von Freitag bis Montag verwandelt sich die Brauerei des Hoepfner Burghofes in einen bunten Festplatz mit Livemusik in den verschiedenen Höfen, Fanfarenspiel von den Zinnen und natürlich mit Führungen durch die Brauerei.

Stadtgeburtstag: 17. Juni alle zwei Jahre, www.stadtgeburtstag-karlsruhe.de. Anlässlich der Grundsteinlegung des Schlosses 1715 veranstaltet die Stadt rund um die Residenz ein Themenfest mit mindestens 50 000 Besuchern.

Hafenfest: Letztes Juniwochenende, www.rheinhafen.de/hafen-kultur-fest. Der Hafen wird zu einem stimmungsvollen Festplatz. Eingeleitet von einer Kanuregatta, starten zahlreiche Angebote für Groß und Klein mit viel Musik und kostenlosen Schiffsrundfahrten.

Karlsruhe klingt – music to go: Anfang Juli, http://www.karlsruhe.de/b1/stadtmarketing/veranstaltungen. Die Studierenden der Hochschule für Musik Karlsruhe verwandeln an einem Samstag die Innenstadt mit einem vielseitigen Programm in einen Freiluft-Konzertsaal.

Durlacher Altstadtfest: Erstes Wochenende Juli, www.altstadtfest-durlach.de. Seit 1979 feiert der Stadtteil Durlach in der Fußgängerzone ein Straßenfest mit Livemusik auf mehreren Bühnen.

Zeltival: Juli, www.zeltival.de. Jährlich lockt es Tausende Besucher auf das Gelände des Tollhauses und nach eigenem Bekunden haben nicht nur die Besucher, sondern auch die Künstler ihre helle Freude an dem begeisternden Miteinander. Vier Wochen lang sind internationale Theater- und Musikensembles bei der Veranstaltung zu Gast.

DAS FEST: Juli, am letzten Wochenende vor den Sommerferien in Baden-Württemberg, www.dasfest.de. Jährlich findet in der Günther-Klotz-Anlage drei Tage lang eine der größten Open-Air-Veranstaltungen Deutschlands statt. Fans von Rock, Pop und auch Klassik kommen hier auf ihre Kosten. Neben den Konzerten gibt es ein umfangreiches Sport- und Kinderprogramm.

Kamuna: Erster Samstag im Aug., www.kamuna.de. Bei der Karlsruher Museumsnacht sind die Museen und Sammlungen der Stadt von 18 bis 1 Uhr geöffnet. Der Eintrittsbutton schließt freie Fahrt mit allen öffentlichen Verkehrsmitteln des KVV ein.

Baden-Marathon: Sept., www.badenmarathon.de. Stadtspaziergang in erhöhtem Tempo, der seit 1983 jährlich ca. 7000 Läuferinnen und Läufer anzieht.

Herbstmess': Ende Okt./Anfang Nov. Pendant zur Veranstaltung im Frühjahr (s. o.) mit Rummel auf dem Messplatz.

Christkindlesmarkt: Ende Nov.–23. Dez., www.karlsruhe.de/b3/maerkte. Der Markt bildet mit mehr als 100 liebevoll dekorierten Giebelhäuschen auf dem Markt- und dem Friedrichsplatz sowie der 17 m hohen Glühweinpyramide in der Lammstraße ein Highlight im reichhaltigen Kulturprogramm der Weihnachtsstadt Karlsruhe. Bläserchöre sorgen für vorweihnachtliche Stimmung. Ergänzt wird das zauberhafte Ambiente durch die **Eiszeit.**

Informationsquellen

Tourist-Information ▶ F 7
Bahnhofplatz 6, Tel. 0721 37 20 53 83 oder -84, Fax 0721 37 20 53 85, www.karlsruhe-tourismus.de, S 1/11, 2, 4/41, 5, Tram 1–5, Mo–Fr 9–18, Sa 9–13 Uhr. Hotelzimmervermittlung, Kartenvorverkauf, Informationsmaterial, Buchung von Stadtrundfahrten, Tickets für Rheinfahrten mit dem Schiff ›Karlsruhe‹.

DAS FEST – die Atmosphäre auf dem legendären Musikhügel »Mount Klotz« ist einzigartig

Internet

www.karlsruhe.de: Die Homepage der Stadt ist gut. Bei der Nähe von soviel Internet- und Gestaltungskompetenz durch Hochschulen, ZKM und Technologieszene darf man dies auch erwarten. Sie ist übersichtlich, vertieft Spezialthemen und führt mit Links u. a. zu Karlsruhe Tourismus, Stadtmarketing Karlsruhe, Museen und Bühnen. Ein Kulturkalender zeigt auf einen Klick, was gerade läuft. Viel Stoff für einen unterhaltsamen Online-Abend!

www.karlsruhe-tourismus.de: Auf der Site von Karlsruhe Tourismus findet man eine Hotelübersicht mit Möglichkeit der Online-Buchung. Die anderen Menüpunkte führen schnell zu den touristischen Angeboten der Stadt.

www.stattreisen-karlsruhe.de: Ausführliche Programmbeschreibung des gleichermaßen lehrreichen wie unterhaltsamen Angebots an thematischen Stadtführungen.

www.ka-news.de: Die erste online-Tageszeitung Deutschlands mit gut recherchierten Meldungen.

www.klappeauf.de, www.inka-magazin.de: Homepages der Karlsruher Veranstaltungsmagazine. Vielfältig, aktuell, gut sortiert.

www.ka-nightlife.de: Detaillierte Informationen zum Nachtleben der Stadt.

www.infoverlag.de, www.karlsruhe.de/b1/stadtgeschichte/stadtarchiv.de: Wer sich mit Geschichte, Architektur, Kultur und Gegenwartsthemen zu Karlsruhe beschäftigen möchte, kann dies durch die vorbildliche Arbeit lokaler Verlage und des Stadtarchivs gut tun.

www.kunstportal-bw.de: Plattform zum Kunstgeschehen in Baden-Württemberg, inkl. staatlicher und privater Aktivitäten in Karlsruhe.

http://kavantgar.de: Kunst und Kultur aus Karlsruhe auf einen Blick.

www.museumspass.com: Beim Erwerb eines Kurzzeitpasses (gültig 48 Stunden zu 26 € für einen Erwachsenen und ein Kind) sind die Eintritte in elf Karlsruher Museen und weitere Museen der Region Oberrhein (inkl. Frankreich und Schweiz) gratis.

Kinder

Infos

Karlsruhe hat Kindern viel zu bieten. In der monatlich erscheinenden und im Buchhandel kostenlos ausliegenden Zeitung **»Karlsruher Kind«** (www.karlsruher-kind.de) finden sich dazu aktuelle Informationen.

Stadtführungen

Start eines abwechslungsreichen Programms könnte beispielsweise eine eigens für Kinder gestaltete Führung oder eine Rundfahrt sein, bei der die Kinder je nach Alter die Stadt mit ihren Augen erleben können. Infos unter www.karlsruhe-tourismus.de, Tel. 0721 37 20 53 83 oder www.stattreisen-karlsruhe.de, Tel. 0721 161 36 85.

Museen

Zuerst ist hier das Kinderprogramm der **Staatlichen Kunsthalle (▶ Karte 2, F 3**, s. S. 34) zu nennen. 1973 gegründet, gehört es zu den ältesten und besten Kindermuseen in Deutschland. Ein eigenes Gebäude, die **Junge Kunsthalle**, befindet sich zwischen Kunsthalle und Orangerie. Das **Museum für Naturkunde (▶ Karte 2, F 4**, s. S. 44) fordert Kinder auf, Exponate auch durch Berührung zu erfahren. Das Kommando »Finger weg« ist hier überflüssig. Das **ZKM (▶ C 5**, s. S. 58) bietet ebenfalls Kinderführungen, um den Nachwuchs spielerisch mit neuen Medien vertraut zu machen. Und nicht zuletzt kommen Familien bei den eigens für sie angebotenen Führungen im **Badischen Landesmuseum** (▶ **Karte 2, F 3**, s. S. 29) auf ihre Kosten.

Theater und Kino

Die Bühnen der Stadt bieten Kindern eine große Auswahl an Theaterstücken an. Allen voran das **Marotte Figurentheater** (■ **C 4**, s. S. 113). Kinderkino gibt es außer im **Filmpalast** (■ **C/D 6**, s. S. 60) auch in der **Schauburg** (■ **Karte 2, G 5**, s. S. 49).

Essen gehen

Hunger? Da helfen das **Badisch Brauhaus** (■ **Karte 2, E 3**, s. S. 100) mit seiner langen Innenrutsche oder die **Obermühle** (■ **Karte 3, C 1**, s. S. 100) in Durlach mit Kinderkarte, halben Portionen und einem wunderschönen Mühlrad im Garten sowie einem Spielplatz gleich über die Straße. Und wenn es dann doch mal wieder der Hamburger sein soll, warum nicht einmal in einem originalen amerikanischen Diner aus den 1940er-Jahren. Amerikanisches Bier, Softdrinks und natürlich jede Menge Varianten frisch zubereiteter Burger **(American Diner Durlach**, ■ **Karte 3, A 3**, Fiduciastr. 2, Tel. 0721 40 61 71, www.alte-schmiede-durlach.de, Tram 2, H Ostmarkstr., dann gut 5 Min. zu Fuß, tgl. 11–23 Uhr, auch zum Mitnehmen!)

An der frischen Luft

Die kleine **Schlossgartenbahn** (■ **Karte 2, F 3**, s. S. 30) neben dem Botanischen Garten fährt von Ostern bis November einen schönen, 2,5 km langen Rundkurs. Ein richtiges Freiluft-Abenteuer ist das **Naturschutzzentrum Rappenwört** (■ **Karte 4, C 2**, s. S. 73). Dschungelartige Rheinauen durchforsten oder dem Kindererlebnisraum einen Besuch abstatten? Nach

Möglichkeit beides! Natürlich kommt für solche Unternehmungen auch der **Zoologische Stadtgarten** (▶ **E/F 6**, s. S. 61) in Frage. Dort wartet nicht nur eines der modernsten Eisbärgehege Europas, sondern auch ein kleiner See mit **Gondoletta Booten.** Schöne **Spielplätze** mit langen Rutschen, riesigen Kletterspinnen und einem Tretboottteich finden sich in der **Günther-Klotz-Anlage** (■ **B 5/6**, s. S. 73) oder im **Fasanengarten**.

Ausflüge

Für den gelungenen Auftakt eines Kindertages ebenso gut wie für den Abschluss ist die Fahrt mit der **Turmbergbahn** (■ **Karte 3, D 2/3**, s. S. 70) in Durlach, der ältesten noch betriebenen Standseilbahn Deutschlands. Oben angekommen, bietet die alte Ruine Entdecker- und Ausguckmöglichkeiten. Ein paar Meter weiter die Straße entlang oder durch den **Waldtrampelpfad** kommt man zum **Waldseilpark Karlsruhe** (■ **Karte 3, E 3**, s. S. 22, für Kinder ab 4 Jahren). Wem das zu hoch ist, der kann sich gleich nebenan auf dem großen **Waldspielplatz** vergnügen.

Klima und Reisezeit

Die Oberrheinebene ist in den Sommermonaten gerne von den freundlichen Azorenhochs begünstigt und zählt zu Deutschlands sonnenreichsten Gebieten. Von Mai bis Ende September kann man in Baden im Freien baden – wenn auch nicht Tag für Tag. Schnell wird es aber auch mal schwül und der eine oder andere entschließt sich dann doch zu einem Ausflug in den kühleren Schwarzwald. Glück für schönes Wetter kann man hier auch noch im Oktober haben, der ist in manchen Jahren wirklich golden und lau. Der Winter ist meist

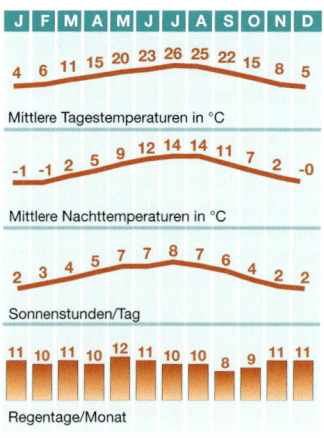

| J | F | M | A | M | J | J | A | S | O | N | D |

4 6 11 15 20 23 26 25 22 15 8 5

Mittlere Tagestemperaturen in °C

-1 -1 2 5 9 12 14 14 11 7 2 -0

Mittlere Nachttemperaturen in °C

2 3 4 5 7 7 8 7 6 4 2 2

Sonnenstunden/Tag

11 10 11 10 12 11 10 10 8 9 11 11

Regentage/Monat

Klimadiagramm Karlsruhe

eher mild, Schnee wird da schon gern von Regen ersetzt – ideales Museumswetter.

Öffnungszeiten

Die **Geschäfte** in der Innenstadt sind Mo–Sa von 10 bis 20 Uhr, teilweise sogar bis 22 Uhr geöffnet. Kleinere Läden machen zum Teil zwischen 13 und 15 Uhr eine Stunde Mittagspause. Außerhalb des Zentrums schließen manche Geschäfte mittwochs nachmittags sowie samstags spätestens um 18 Uhr.

Die **Museen und Sammlungen der Stadt** sind in der Regel montags, teilweise auch dienstags geschlossen.

Die offizielle Lesart der Karlsruher Sperrzeiten für **Terrassenbewirtung:** So–Do 23 Uhr, Fr u. Sa 24 Uhr. An lauen Sommerabenden zeigt man sich bei der Stadtverwaltung jedoch flexibel. Dann lassen sich die Sperrzeiten per Fax-Antrag auch einmal verlängern. Die sympathische Philosophie des Gewerbeaufsichtsamtes: »So flexibel wie

möglich, da die Gäste ihren Spaß haben wollen und Gastronomen Umsatz brauchen. So rücksichtsvoll wie nötig, um das Ruhebedürfnis der Anwohner nicht über die Maßen zu strapazieren.« Viele Clubs schließen auch unter der Woche erst um 3 Uhr.

Reisen mit Handicap

Die Stadt Karlsruhe wurde im November 2002 für ihre vielseitigen Aktivitäten beim Abbau von Erschwernissen für Menschen mit Behinderungen ausgezeichnet. Ein »Stadtplan für Menschen mit Behinderungen« liegt bei der Tourist-Information aus. Dort gibt es auch die umfangreiche Broschüre »Tipps für Touristen und Einheimische mit Handicaps«. Mit Hilfe der Website www.2.karlsruhe.de/service/barrierefrei können bewegungseingeschränkte Besucher ihren Aufenthalt in Karlsruhe gut vorbereiten.

Sport und Aktivitäten

Boule

Wer frankreichnah eine ruhige Kugel schieben möchte, geht vor das Westtor des Schlossgartens oder auf den Bouleplatz vor der Karlsburg in Durlach.

Joggen

Ans Stadtzentrum angrenzende Jogging-Strecken finden sich in der **Günther-Klotz-Anlage** (█ **B 5/6**, s. S. 73). Dort kann man kilometerlang an dem kleinen Flüsschen Alb entlang laufen. Im **Schlossgarten** gibt es ebenfalls schöne Wege und ein reizvolles Panorama. Und direkt am Adenauerring beginnt ein 2,5 km langer **Trimm-Dich-Pfad** (█ **E/F 1**) durch den **Hardtwald**.

Sicherheit und Notfälle

Straßenkriminalität ist in Karlsruhe (fast) ein Fremdwort; kritische Stadtteile oder Zonen gibt es nicht.

Allgemeiner Notruf: Tel. 112
Polizei: Tel. 110
Krankentransport: Tel. 192 22
Ärztlicher Notdienst: Tel. 0721 192 92. Oder direkt zur Bereitschaftspraxis in den St.-Vincentius-Kliniken, Südendstr. 32 (Seiteneingang Hirschstr.)
Zahnärztlicher Notdienst: Tel. 0721 192 22
ADAC Pannenhilfe: Tel. 01802 22 22 22
Allgemeines Fundbüro der Stadt: Kaiserallee 8, Tel. 0721 133 33 86, S 1/11, 2, 5, Tram 1, 2, 3, H Schillerstr., Mo, Di, Mi, Fr 8–12, Do 14–17.45 Uhr
Fundbüro des KVV: Tullastr. 71, Tel. 0721 61 07 58 90, S 4/41, 5, Tram 1, 2, H Tullastr., Mo, Di, Mi, Fr 8–16, Do 8–17 Uhr
Kreditkarten-Sperrung: Tel. 116 116, www.sperr-notruf.de
Botschaft Österreich: Stauffenbergstr. 1, 10785 Berlin, Tel. 030 20 28 70
Botschaft Schweiz: Otto-von-Bismarck-Allee 4a, 10557 Berlin, Tel. 030 390 40 00

Klettern

The Rock (■ **Karte 4, D 2**, Ziegelstr. 1–3, Tel. 0721 569 54 82, www.kletterhalle-karlsruhe.de, Tram 5, H Mühlburger Feld, tgl. 10–23 Uhr) heißt die Attraktion nahe des Westbahnhofes. Auf einer Kletterfläche von 1180 m^2 kann man 18 m nach oben steigen. Nicht weniger attraktiv ist die **Kletterhalle des Alpenvereins** (■ **Karte 4, D 2,** Am Fächerbad 2, Tel. 0721 96 87 95 10, www.art-of-climbing.de, S-Tram 4, H Fächerbad, Mo–Fr 15–23, Sa, So 10–22 Uhr).

Kletterspaß im Freien, in teils schwindelnden Höhen gibt es im **Waldseilpark Karlsruhe** (■ **Karte 3, E 3**, Jean-Ritzert-Str., Tel. 01578 165 99 29, www.waldseilpark-karlsruhe.de, Tram 1, 8, H Turmberg, danach zu Fuß oder mit der Standseilbahn hinauf auf den Turmberg, April–Anfang Nov.).

Radfahren

Das innerstädtische Radwegenetz umfasst 150 km. Dazu gibt es in den ausgedehnten Wäldern der Hardtebene und den Rheinauen eine Vielzahl stadtnaher **Touren,** die auch mit Kindern unternommen werden können. Die CD-Rom »Mit Karl von Drais durch Karlsruhe« (erhältlich im Stadtmuseum, 10 €) schlägt beispielsweise eine Route zum Thema Biedermeier vor. Weitere Informationen geben **www.rad-karlsruhe.de** und die Website der örtlichen Sektion des Verkehrsclubs Deutschland **www.vcd.org/karlsruhe** (Fahrradverleih s. S. 24).

Schwimmen

Karlsruhe ist von **Badeseen** umgeben. Sie werden von den Gesundheitsbehörden ausnahmslos als ›zum Baden geeignet‹ bezeichnet. Der Badesee **Buchtzig** (■ **Karte 4, D 3**) liegt zwischen Ettlingen und Malsch an der L 607 und zeichnet sich durch einen großen Sandstrand, Kinderfreundlichkeit und Serviceeinrichtungen aus. Der **Epple-See** (■ **Karte 4, C 2**) bei Forchheim (Rheinstetten) verfügt als Baggersee über sehr sauberes Wasser, eine FKK-Zone und eine große Liegewiese. Am **Weingartner Baggersee (**■ **Karte 4, E 1)**, gut zu erreichen von der B 3, gibt es eine kleine Pommesbude, aber auch Grillplätze und Volleyballfelder sowie Spielgerät, einen Strand für Kinder und Platz zum Ballspielen.

Eine Übersicht über alle Karlsruher **Bäder** findet man unter www.karls ruhe.de/b3/freizeit/baeder. Mit einem beheizbaren 50-m-Becken und einer langen Saison punktet das **Sonnenbad (Rheinhafenbad,** ■ **Karte 4, C 2,** s. S. 74). Landschaftlich sehr schön gelegen ist das **Rheinstrandbad Rappenwört (**■ **Karte 4, C 2,** s. S. 74), während das **Vierordtbad (**■ **F 6,** s. S. 78) mit seiner wunderschönen alten Architektur besticht. Ein Erlebniszentrum für die ganze Familie ist das **Europabad (**■ **B 6/7,** s. S. 73). Das **Fächerbad (**■ **Karte 4, D 2,** Am Sportpark 1, Tel. 0721 96 70 10, www.faecherbad.de, Tram 4, Bus 123, H Fächerbad, Mo 13–23, Di–Do 6–23, Fr 6–23.30, So, Fei 9–19 Uhr) besitzt ein 50-m-Sportbecken und einen großen Saunagarten, es präsentiert sich als eine gute Kombination aus Familien- und Sportbad.

Skaten

Zu den beliebtesten Orten der Karlsruher Skater gehören der Platz an der **Europahalle (▶ B 6,** Südweststadt, Tram 1, H Europahalle), der **Otto-Dullenkopf-Park (▶ K 5,** Schlachthausstr., Oststadt, Tram 1, 2, H Tullastr.) und der Platz an der S-Bahnhaltestelle bei der **Günther-Klotz-Anlage (▶ B 5,** Herman-Veit-Str., Weststadt, Tram 2, H Welfenstr.). Von Frühjahr bis Herbst veranstaltet das Karlsruher **Jubez** Fahrten durch die Stadt. Unter Polizeigeleit wird dort gefahren, wo sonst nur Autos unterwegs sind – freie Fahrt für Jung und Alt. Über die beliebten **Skate-Nites** informiert www.skatenite-karlsruhe.de.

Tennis

Es gibt in Karlsruhe mehr als 300 Tennisplätze und 18 Tennishallen. Bei der Tourist-Information (s. S. 18) lässt sich erfragen, welche Plätze jeweils am günstigsten zum Standort/Hotel liegen.

Unterwegs in Karlsruhe

ka | mobil

Die **Mobilitätszentrale Karlsruhe (▶ Karte 2, F 4,** Karl-Friedrich-Str. 9, im Weinbrennerhaus am Marktplatz, Tel. 0721 61 07 57 90, www.ka-mobil.de, S 1/11, 2, 4/41, 5, Tram 1–5, H Marktplatz, Mo–Fr 9.30–19, Sa 10–15 Uhr) informiert und berät in Sachen Vorwärtskommen in Karlsruhe mit Fahrplanauskünften, mit Informationen zum Radwegenetz, zu Fahrradverleih und Fahrradwerkstätten, mit Wissenswertem über Mitfahrzentralen, Autovermietung und Car-Sharing. Außerdem Verkauf von Tickets für Bahnen und Busse, Radwanderkarten, Stadtrundfahrten und Schiffstouren auf dem Rhein sowie Veranstaltungstickets.

KVV

Betriebszeiten: Die innerstädtischen Straßenbahnen fahren wochentags von 5 bis 1 Uhr. In den Hauptverkehrszeiten zwischen 6 und 20 Uhr verkehren sie im Zehn-Minuten-Takt, außerhalb dieser Zeiten alle 20 oder 30 Minuten. Bahnen und Busse des Nightlinernetzes verkehren täglich die ganze Nacht hindurch. **Preise:** Einzelfahrt Stadtgebiet/zwei Waben Erwachsene 2,30 €, Kinder (6–14 Jahre) 1,30 €. Tageskarte bis zu drei Waben 5,60 €, bei Mitnahmemöglichkeit von bis zu vier Personen 8,80 €. Tageskarte Region (gesamtes KVV-

Netz) 9,80 €, bei Mitnahmemöglichkeit von bis zu vier Personen 16,60 €.

Ticketverkauf: Die Tickets werden an den Automaten der Haltestellen gekauft. Verkauf und Information auch im KVV-Kundenzentrum am Marktplatz.

Fahrradmitnahme: Die Bahnen des KVV nehmen Fahrräder am 9 Uhr kostenlos mit, aber nur dann, wenn es der Platz in den Waggons auch erlaubt. Information (KVV-Servicetel. 0721 61 07 58 85 oder www.kvv.de).

Autovermietung

Europcar: Tel. 0721 384 16 37.

Sixt: Tel. 0721 31322; beide im Hauptbahnhof, S 4/41, 5, Tram 1, 2.

AVIS: Stuttgarter Str. 27, Tel. 0721 372 80, Tram, H Tivoli.

Taxi

Taxi-Funk-Zentrale: Tel. 0721 94 41 44. Die wichtigsten Taxistände in der Innenstadt finden sich beim Marktplatz (Lammstr. Ecke Hebelstr.), am Europaplatz und am Mühlburger Tor sowie am Durlacher Tor. Auch das Staatstheater verfügt über einen Taxistand.

Mini-Car: Tel. 0721 56 50 50. Die Autos dieser Gesellschaft transportieren ihre Gäste etwas preisgünstiger als Taxis. Die Fahrzeuge können nur telefonisch bestellt werden.

Fahrradverleih

Mike's Bike (■ B 4): Sophienstr. 180, Tel. 0721 85 54 94, www.mikesbike.de, S 1/11, 2, 5/51, Tram 2, 6, H Yorckstraße, Di–Fr 9.30–11.30, 14–19, Sa 10–14 Uhr, Fahrrad ab 14,50 €/Tag, Tandem ab 25 €/Tag, Rikscha ab 99 €/Tag.

KVV.bike (► Karte 2, F 5): Ettlinger Torplatz 1a, Tel. 0721 61 07 58 50, www.kvv.de, S 1/11, 4/41, 5/51, Tram 2, 3, 5, H Ettlinger Tor, tgl. 10–24 Uhr, 18 €/Tag. Am „K." verleiht der Karlsru-

her Verkehrsverbund elektrobetriebene Räder für die Stadterkundung.

Call a Bike: Registrierung Tel. 07000 522 55 22, www.callabike-interaktiv.de. Registrierte Kunden können überall im Stadtgebiet die Räder der Bahn ausleihen. Winterpause etwa Mitte Dez.–Mitte März.

Ballonrundfahrten

Wer sich diese besondere Art der Stadt- und Umlandbesichtigung erlauben will, bucht telefonisch oder online bei **Gemini Ballooning** (Tel. 0721 756 92 00, www.gemini-ballooning.de). Die Starts zu der ein- bis anderthalbstündigen Fahrt erfolgen im Schlossgarten oder in der Günther-Klotz-Anlage. Mo–Fr vormittags kostet der Spaß im Körbchen 130 € pro Person, Mo–Do abends 165 € und Fr–So abends 190 €.

Schiffstouren

Mit dem **Fahrgastschiff MS Karlsruhe (■ Karte 4, C 2)** kann man auf dem Rhein Ausflugsfahrten unternehmen. Wer möchte, verbringt die Fahrt mit Bewirtung regen- und windgeschützt unter Deck. Große Glasfenster geben den Blick nach draußen frei. Oben auf dem Deck kann man sich gegebenenfalls die Sonne ins Gesicht scheinen und den Wind um die Nase wehen lassen. Auf dem Fahrplan stehen einfache Rundfahrten (Dauer etwa 2 Std.), verschiedene Hafenrundfahrten (Dauer etwa 3,5 Std.) sowie Ausflugsfahrten nach Speyer, Germersheim, Iffezheim oder Straßburg, die mit Aufenthalten den ganzen Tag in Anspruch nehmen. Tickets erhält man im Vorverkauf in Karlsruhe an der Tourist-Information am Bahnhof oder direkt am **Hafen** (Werftstr. 2, Tel. 0721 599 74 24, www.rheinhafen.de/fahrgastschiff-ms-karlsruhe, Tram 5, H Rheinhafen, Mo–Fr 8.30–15.30 Uhr).

Stadtrundfahrten

KMK-Tourismus veranstaltet zweistündige Stadtrundfahrten per Bus (April–Okt. Sa 10.45 Uhr, Nov.–März jeder zweite Sa des Monats 10.45 Uhr). Information unter www.karlsruhe-tourismus.de oder bei der Tourist-Information am Bahnhofsplatz. Dort ist auch der Startpunkt.

Stadtführungen

Offene Stadtführungen werden vom **KMK-Tourismus** lediglich von Mai bis Oktober So 10.45–12.45 Uhr angeboten. Für Gruppen stehen jederzeit verschiedene Themenführungen zur Wahl (www.karlsruhe-tourismus.de).

Der Verein **stattreisen Karlsruhe e. V.** (Hübschstr. 19, Weststadt, Tel. 0721 161 36 85, www.stattreisen-karlsruhe.de, telefonische Beratung Mo–Do 9.30–12 Uhr) hat ein breites Angebot an offenen Führungen zu verschiedenen Themen, die auf spannende und abwechslungsreiche Weise dargeboten werden. Ein Rundgang dauert etwa zwei Stunden und es ist keine Anmeldung erforderlich (Erw. 7 €, ermäßigt 6 €). Für Gruppen stehen weitere Themen und individuelle Zeiten zur Verfügung (2 Std. 80 €).

Die Gruppe **ArtRegio Tours** (Weimarer Str. 55, Tel. 0721 470 98 50, www.artregiotours.de, Büro Mo–Do 9–14 Uhr) bietet unter der Leitung der Kunsthistorikerin Elisabeth Spitzbart Rundgänge in Karlsruhe und der Region (Erwachsene 8 €, ermäßigt 5 €, Anmeldung erforderlich). Darüber hinaus steht ein breiteres Programm für Gruppen zur Wahl (Klassische Stadtführung 1 Std. 100 €, 2 Std. 180 €).

Der Umwelt zuliebe – nachhaltig reisen

In der Stadt, in der sich am 13. Januar 1980 die Bundespartei der Grünen gründete, sind viele ›grünen‹ Themen aus den Bereichen Umwelt, Ernährung, ökologischer und ökonomischer Nachhaltigkeit erfolgreich umgesetzt worden.

Umweltfreundliches Reisen

www.stattreisen.de: Stadtrundgänge zu Fuß, mit öffentlichen Verkehrsmitteln oder dem Fahrrad (s. o.).

Regionale und Bioerzeugnisse

Durlacher Bauernmarkt: Jeden Mittwoch findet auf dem Saumarkt neben dem Wochenmarkt ein Bauernmarkt (7.30–14 Uhr) statt. Hier bieten Selbsterzeuger der Umgebung ihre Waren nach dem jahreszeitlich entsprechenden Angebot an.

Biolandhof Litzenberger: Seit 1989 wird der Betrieb im Stadtteil Knielingen biologisch bewirtschaftet, im Hofladen werden eigene ebenso wie das Sortiment ergänzende Erzeugnisse angeboten (Jakob-Dörr-Str.17, Tel. 0721 56 15 91, www.biokaufladen.de, Do 17–18.30, Sa 10–12 Uhr).

Fasanenbrot: Seit über 20 Jahren entstehen bei der Fasanenbrot-Bäckerei mit viel Liebe und Sorgfalt herrliche Backwaren aus rein biologischen Zutaten. Besonders empfehlenswert sind die zahlreichen verschiedenen Brotsorten mit einem hohen Sauerteiganteil (Durlach, Pfinztalstr. 40/42, Tel. 0721 40 33 44, www.fasanenbrot.de, Mo–Fr 7.30–18.30, Sa 7.30–13.30 Uhr).

15 x Karlsruhe
direkt erleben

Vom Alten Schlachthof über den Botanischen Garten bis hin zum ZKM oder den Dörfchen der Umgebung hat Karlsruhe viel zu bieten. In der Fächerstadt verbinden sich Architektur, Wissenschaft und Lehre, Kunst und Kultur, Gastronomie und nicht zuletzt Lebenslust zu einem beeindruckenden Gesamtbild. Zentrum des städtischen Lebens ist der Marktplatz mit der Pyramide. Rund um das rätselhafte Monument begegnen sich Karlsruher und Touristen, Marktbesucher und Büroangestellte, eilige Passanten und müßige Flaneure.

1 | Den Fächer in der Hand – das Karlsruher Schloss

Karte: ▶ F 3 | **Anfahrt:** S 1/11, 2, 4/41, 5, Tram 1–5, H Marktplatz

Die Nord- und Südachsen der Kernstadt führen ins Herz des Karlsruher Fächers, zum Schloss. 1715 wurde mit der Grundsteinlegung des Schlossturms die Stadt gegründet und der 51 m hohe Bau zu ihrem Mittelpunkt erhoben. Im Schloss lernen Besucher die Stadtgeschichte kennen, im Schlossgarten können sie entspannen und genießen.

Das Gelände, auf dem sich heute das Karlsruher Schloss befindet, lag noch zu Beginn des 18. Jh. mitten im Hardtwald, im Jagdrevier des damaligen Markgrafen Karl Wilhelm. Einer Legende nach soll er sich unter einem Baum ausgeruht haben, eingeschlafen sein und von einer wunderschönen Stadt in der Form eines goldenen Fächers geträumt haben. Daraufhin entschloss er sich, genau an dieser Stelle den Sitz seiner neuen Residenz zu errichten.

Erinnerungen an das Badische Haus

Der erste Schlossbau, nach den Plänen des Ingenieurs Jakob Friedrich von Batzendorf 1718 fertiggestellt, war ein eher bescheidenes Barockschlösschen mit einem zweigeschossigen Corps de Logis und im flachen Winkel angebundenen Seitenflügeln. Der siebenstöckige Schlossturm stand zunächst frei nördlich des Corps de Logis. Neben den fürstlichen Gemächern befanden sich im Schloss Räumlichkeiten für den Hof und die Landesverwaltung. Lediglich die Markgräfin Magdalene Wilhelmine war in der alten Residenz Durlach verblieben und reiste nur zu wichtigen offiziellen Anlässen in die Stadt. Das wohl allzu ausschweifende Leben ihres Mannes vertrug sich den Erzählungen nach nicht mit ihrer strengen Frömmigkeit.

Unter Karl Friedrich, dem zweiten Landesherrn und Enkel des Stadtgründers, erfuhr das herrschaftliche Gebäude einen umfangreichen Umbau, der unter dem Baumeister Albert Friedrich von Keßlau 1752 begonnen wurde und den 1785 Wilhelm Jeremias Müller vollendete. Auch wenn das Schloss bei den schweren Angriffen im Zweiten Weltkrieg ausbrannte, entspricht sein heutiges Äußeres wieder dem damaligen Aussehen.

Nach dem Abdanken des Badischen Großherzogs Friedrich II. wurden bereits ab 1921 Teile der fürstlichen Sammlungen im nun ungenutzten Schloss untergebracht und die Räume den Bürgern zur Schau geöffnet. Nach der völligen Zerstörung der historischen Zimmer im Zweiten Weltkrieg entschloss man sich, beim Wiederaufbau ab 1955 die Raumkonzeption für die Nutzung als Museum zu optimieren. Seither präsentiert das **Badische Landesmuseum** **1** im ehemaligen Residenzschloss seine Dauerausstellung zur Geschichte der Region von der Frühzeit bis heute. Historische Ladeneinrichtungen lassen das 19. Jh. in Karlsruhe lebendig werden. Auch die Gründung von Schloss und Stadt wird detailliert dokumentiert. Man sollte nicht versäumen, einen Blick auf das Stadtmodell zu werfen und abschließend Karlsruhe aus der Vogelperspektive zu bestaunen.

Beeindruckende Symmetrie

»Klar und lichtvoll wie eine Regel« bezeichnete Heinrich von Kleist in einem Brief an seine Schwester die Anlage der Stadt Karlsruhe, die einer Sonne mit 32 Strahlen nachempfunden ist, in deren Zentrum der **Turm des Schlosses** **2** aufragt. Von der Höhe des Turms, der bis unterhalb der Laterne begehbar ist, lässt sich der einzigartige Grundriss der Stadt gut nachvollziehen. Rund um den gesamten Schlossbezirk ist wie mit einem Zirkel ein Kreis geschlagen, von dem schnurgerade Straßen und Alleen in alle Himmelsrichtungen streben. Nach Norden führen sie in den Hardtwald, nach Süden in die Kernstadt, die sich entlang der neun südlichen Straßenachsen wie ein Fächer öffnet. Ein zweiter äußerer Zirkelschlag begrenzt das ehemals höfische Gebiet.

Nach dem Vorbild Versailles und den Ideen des französischen Königs ließen sich zahlreiche deutsche Fürsten im 17. und 18 Jh. ideale, symmetrisch geprägte Residenzen errichten. Die Karlsruher Anlage orientierte sich mit Sichtachsen und Schneisen, die von überall den Blick auf das Schloss freigeben, am barocken Gestaltungsprinzip eines Jagdsterns.

Da zu jener Zeit neue Stadtgründungen immer wieder am mangelnden Zuzug neuer Bürger scheiterten, entschloss sich Markgraf Karl Wilhelm, neben der Ausgabe eines Privilegienbriefs auch durch die Neugründung eines Ordens den Adel aus der alten Residenz Durlach mitzuziehen. Noch heute findet sich der Namenszug des Fidelitas Ordens in den Darstellungen des Karlsruher Stadtwappens.

Historische Ladeneinrichtung im Badischen Landesmuseum

Übrigens: Durch den weitläufigen Schlosspark zirkuliert die **Schlossgartenbahn** 1, die 1967 im Zuge der Bundesgartenschau angelegt wurde. Die zweieinhalb Kilometer lange Strecke gibt einen herrlichen Einblick in die Bereiche hinter dem Schloss. Gefahren wird im Sommer täglich bei schönem Wetter. Ein besonderer Tipp: Am Wochenende verkehrt statt der Diesellok eine kleine Dampflok, die vor allem den jüngeren Besuchern mächtig Eindruck macht.

Pause im Grünen

Nach einer Besteigung des Schlossturms bietet sich ein Besuch im ansprechend eingerichteten **Schlosscafé** 1 an. An schönen Tagen genießt man auf der Terrasse den Blick ins Grüne. Wer Kinder dabeihat, kann sie derweil in aller Ruhe auf der angrenzenden großen Schlossgartenwiese spielen lassen.

Oder aber man unternimmt einen Spaziergang durch den Park. Besonders im westlichen Teil des Schlossgartens verbirgt sich so manche Überraschung. Die Idee geht zurück auf die Kultur der englischen Gärten, die beim Lustwandeln nach jeder Biegung mit Neuem erstaunen wollten. Folgt man beispielsweise vom Turm aus der Hauptachse nach rechts, so führt zwischen den hohen Bäumen rechter Hand ein Weg hindurch, an dessen Ende sich ein kleiner runder Platz mit einem **Denkmal des Dichters Johann Peter Hebel** 3 öffnet. Über verschlungene Wege kann man weiter zum **Schlossgartensee** 4 laufen, wo Bänke mit Blick aufs Wasser zum Verweilen einladen.

Blickfang für Besucher

Zwischen Schloss und Stadt erstreckt sich der **Schlossplatz** 5. Sein Ausse-

hen hat sich in den letzten 300 Jahren zwar immer wieder gewandelt, sollte aber von Anfang an die Aufmerksamkeit der Bürger und Besucher der Stadt auf sich ziehen. Zuletzt wurde er im Jahr 2012 neu gestaltet. Anfang des 18. Jh. waren hier Vogelvolieren aufgestellt, Irrgärten und Blumenbeete angelegt worden. In den Beeten blühten im Frühjahr zahllose Tulpensorten aus der markgräflichen Züchtung. Obwohl der Höhepunkt der Tulpenmanie längst überschritten war, begeisterte sich Karl Wilhelm noch so sehr für diese Blume, dass er Folianten mit Gemälden der verschiedenen Sorten erstellen ließ. Ein Teil davon blieb erhalten und befindet sich in der Badischen Landesbibliothek.

Vor dem ersten Zirkelrund, am Übergang vom Schlossplatz zur Stadt, steht das **Denkmal für Großherzog-Karl-Friedrich** 6. Er war der Enkel Karl Wilhelms und zweiter Regent des Landes. In seiner über 60-jährigen Regierungszeit stieg das Ansehen Badens durch das Erbteil der katholischen Lande und durch die Beziehungen zu Napoleon, die Baden erst den Rang eines Kurfürstentums und ab 1806 eines Großherzogtums einbrachten. Eine territoriale Neuordnung gliederte das Land in vier Teile: Altbaden, Nordbaden, Schwarzwald und Bodenseeregion. Vier weiblichen Gestalten am Sockel des Denkmals symbolisieren diese Landesteile. Der Großherzog selbst hält die Abschaffungsurkunde der Leibeigenschaft von 1783 in den Händen.

Wie zur Zeit der Stadtgründung befinden sich in einigen der **Häuser am Zirkel** 7 Behörden und Ämter, aber auch Banken und Gerichte. Das Internationale Department der Universität hat das ehemaligen **Kanzleigebäude** bezogen, das auf den klassizistischen Architekten Friedrich Weinbrenner zurückgeht. Er wollte als Erster den Mittelteil seines Baus auf drei Geschosse, gegenüber den damaligen noch zweigeschossigen Nachbarbauten, erhöhen. Nachdem ihm dieses Recht verwehrt wurde, betonte er auf andere Weise seinen Entwurf. Alle Gebäude am Zirkel stehen in derselben Flucht, nur sein Mittelstück ist wie in einem Baukasten leicht nach vorne gezogen. Wenn das Gebäude auch nach den Kriegszerstörungen beim Wiederaufbau vereinfacht wurde, blieb diese Besonderheit trotzdem erhalten.

Das **Multi Kulti** 2 im Erdgeschoss des Kanzleigebäudes, eine kubanisch angehauchte Mischung aus Café, Kneipe und Restaurant, ist bei allen Generationen beliebt. Vor allem auf den Außenplätzen im Rund des inneren Zirkels genießen die Gäste das bunte Treiben vor dem Schloss, ruhiger ist es auf der überdachten Innenhofterrasse.

Infos und Öffnungszeiten

Badisches Landesmuseum 1 und **Schlossturm** 2 : Schlossbezirk 10, Tel. 0721 926-514, www.landesmu seum.de, Di–Do 10–17, Fr–So, Fei 10–18 Uhr, Eintritt 3 €, bzw. 2 €, Fr 14–18 Uhr kostenlos

Schlosscafé 1 : Schlossbezirk 10, Tel. 0721 966 45 71, Di–So 10–23 Uhr,

gute mediterrane Küche, kleine Gerichte ab ca. 6 €

Schlossgartenbahn 1 : Ostern–Mai Sa 13–19, So, Fei 11–19, Juni–Sept. zusätzlich Mo–Fr 13–18 Uhr, Fahrpreis 2,60 €, Kinder 2–14 Jahre 1,70 €

Multi Kulti 2 : Schlossplatz 19, Tel. 0721 183 28 18, www.altebank.de, tgl. 10–1 Uhr, Hauptgerichte ab 6 €

© LA | 2012 | 1569

2 | Im Reich der Sinne – rund um den Botanischen Garten

Karte: ▶ F 3 | **Anfahrt:** S 1/11, 2, 4/41, 5, Tram 1–5, H Marktplatz

Gleich neben dem Westflügel des Schlosses liegt eine Oase der besonderen Art, der Botanische Garten. Viele Karlsruher behaupten, er sei der schönste Park in der ganzen Stadt. Eingebettet in Natur und Architektur bleibt hier nicht nur das bunte Treiben des Schlossplatzes, sondern auch die Hektik und Geschäftigkeit der Einkaufsstraßen fern.

In der ersten Zeit nach der Gründung der Stadt Karlsruhe diente das Gelände des Botanischen Gartens als Holzlagerplatz. Die Orangerien und Schaugärten mit Beeten und Volieren befanden sich damals noch auf dem Vorplatz des Schlosses. Erst ab 1807 wurde unter dem damaligen Hofrat Carl Christian Gmelin und dem in Paris und London ausgebildeten Hofgärtner Michael Schweyckert das Areal mit neuem Nutzen versehen und gärtnerisch angelegt.

Vom Holzlager zum schmucken Garten

Die architektonische Planung und Gestaltung der Anlage übernahm der klassizistische Baumeister Friedrich Weinbrenner. Leider sind von diesem ersten Botanischen Garten nur noch Pläne erhalten geblieben. In der zweiten Hälfte des 19. Jh. gestaltete dann Weinbrenners Nachfolger Heinrich Hübsch das Areal baulich neu. Er erreichte eine Einheit und Geschlossenheit des Gebäudeensembles trotz einer gestalterisch abwechslungsreichen Architektur. Mit diesem baulichen Neuanfang erlebte auch die Pflanzkultur unter dem Garteninspektor Leopold Graebner eine beachtenswerte Blüte.

Backstein und Eisen

Ein Teil der umfassenden botanisch und kulturell genutzten Architektur Hübschs ist bis heute erhalten geblieben. Dazu zählt das große **Torbogengebäude**

1. Der Backsteinbau mit den beiden flankierenden Rundtürmen und dem großen Durchgangsbogen bildet die Verbindung zwischen Schlossgarten und Botanischem Garten. Neben ihm schließen sich zur einen Seite die Gewächshäuser an, zur anderen Seite liegt das Halbrund des ebenfalls backsteingemauerten alten Wintergartens.

1856/57 wurden die **Gewächshäuser 2** zwischen dem kleinen Eckpavillon des Gärtners und dem Torbogengebäude errichtet. Sie sind unterteilt in **Kakteen- und Sukkulentenhaus,** in dem früher Kamelien und Blumen gezeigt wurden, **Palmenhaus,** das leicht aus dem Gebäudeverbund herausragt, sowie **Warm- und Tropenhaus.** Alle Häuser wurden nach Kriegsschäden wieder weitgehend historisch aufgebaut.

Die tragenden Konstruktionen der Gewächshäuser ebenso wie des Wintergartenvorbaus waren ursprünglich aus Holz gefertigt. Nach und nach ersetzte man die Holzbauteile durch eine Eisenkonstruktion. So erhielt auch der **Wintergarten 3** 1870 eine gusseiserne Pergola, deren gläserne Wandelemente früher im Sommer herausgenommen werden konnten. Heute ist dieser herrliche Platz an warmen Tagen den Gästen der **Badischen Weinstuben** vorbehalten. Die Einkehr ist nach dem Besuch der Gewächshäuser und der benachbarten Museen oder auch nach anstrengenden Stadtbesichtigungen ein absolutes Muss!

Transparente Gerichtsbarkeit

Gegenüber von Wintergarten und Torbogengebäude erstrecken sich am Rande des Schlossvorplatzes die **Pavillons des Bundesverfassungsgerichts (BVG) 4**. Ehemals hatte Heinrich Hübsch an dieser Stelle das Hoftheater erbauen lassen, in dem im 19. Jh. ne-

ben hochrangigen Gastspielen von Brahms oder Clara Schumann herausragende Opernaufführungen stattfanden.

Nach der Zerstörung des Theatergebäudes im Zweiten Weltkrieg waren bis in die 1960er-Jahre die Außenmauern seiner Ruine stehengeblieben. Nach ersten Planungen für die Neugestaltung des Geländes griff man die Idee auf, hier für das Bundesverfassungsgericht ein ausreichend großes Quartier zu errichten, denn die beengten Verhältnisse des BVG im Prinz-Max-Palais machten einen Umzug unumgänglich.

Der Architekt Paul Baumgarten entwarf fünf kubische Pavillons in Stahlbetonbauweise, die durch Korridore miteinander verbunden sind. Charakteristisch für das Gebäudeensemble ist der Einsatz von Glas. Durch die transparente Bauweise sollte einerseites eine optische Verbindung zwischen dem Schlossvorplatz mit dem Botanischen Garten hergestellt werden. Des Weiteren sollte sie den Gedanken versinnbildlichen, dass die deutsche Gerichtsbarkeit einsehbar und offen ist. 2006 ergänzte man das Ensemble aufgrund gestiegenen Raumbedarfs durch einen sechsten Pavillon. Die Gebäude aus den

Übrigens: Der Torbogensaal über dem Eingang des Botanischen Gartens bietet eine herrliche Atmosphäre. Fast fühlt man sich in höfische Zeiten zurückversetzt, wenn man den Ausblick über die Gartenarchitektur genießt, sich kulinarisch verwöhnen lässt oder durch die alten Gänge des Wintergartens lustwandelt. Er lässt sich ebenso wie der Gartensaal des Schlosses oder das Teehaus bei der Schlossgärtnerei bei den Staatlichen Schlössern und Gärten (Tel. 07251 74 26 32) für private Feiern mieten.

1960er-Jahren werden derzeit bis voraussichtlich Mitte 2014 saniert.

Für die Kunst errichtet

Gleich neben dem Bundesverfassungsgericht befindet sich die **Staatliche Kunsthalle** 5 . Der Haupt- und Eingangsbau liegt vom Botanischen Garten abgewandt an der Hans-Thoma-Straße, gehört aber gleichermaßen in die Gesamtheit der von Hübsch angelegten Gebäude. Unter seiner Leitung wurde nur ein Teil der von ihm geplanten und heute vier Flügel umfassenden Anlage errichtet. Gegen den Uhrzeigersinn entstanden die Bauten zwei und drei um die Wende zum 20. Jh. und der letzte zum Garten hin liegende Riegel in den Jahren 1982 und 1990.

Die 1846 als Großherzogliche Gemäldegalerie fertiggestellte Kunsthalle ist einer der frühen Museumsbauten, die eigens als Ausstellungsgebäude errichtet wurden. Die kulturelle Bildung der Gesellschaft sollte durch den Kontakt zur Kunst gefördert werden. Die Architektur der Kunsthalle gehört zu den herausragenden Werken des Rundbogenstils. Hübsch ließ den Portalbau aus der Fassade heraustreten und hob durch den Einsatz verschiedener Materialien und ein allegorisches Figurenprogramm das Entrée besonders hervor. Die künstlerische Ausgestaltung umfasste auch die Wände und Decken des Treppenhauses sowie der Ausstellungsräume. Maßgeblich wurde dazu der österreichische Künstler Moritz von Schwind beauftragt. Er schuf neben der Ausmalung der Säle im Treppenaufgang das Fresko die »Einweihung des Freiburger Münsters«, das die Verbindung des Badischen Hauses mit den Zähringern verdeutlichen sollte.

Die umfangreiche Sammlung präsentiert Werke vom 14. bis ins 20. Jh. Einen der Schwerpunkte bildet die mittelalterliche Tafelmalerei am Oberrhein, zu deren Höhepunkten der Zyklus der »Karlsruher Passion« zählt. Da Markgräfin Caroline Luise eine besondere Schwäche für die niederländische und französische Malerei besaß, sind auch diese Bereiche sehr gut abgedeckt. Hervorzuheben sind vor allem die Werke von Peter Paul Rubens und Rembrandt oder die herausragenden Stillleben Chardins. Das späte 19. Jh. ist mit den Impressionisten Monet und Pissarro ebenso hochrangig vertreten, der deutsche Expressionismus des 20 Jh. wird durch Werke von Kandinsky, Marc oder Macke, um nur einige zu nennen, beleuchtet. Beachtenswert ist auch die Präsentation des Malers und ehemaligen Museumsdirektors Hans Thoma, der 1907 innerhalb des Museums einen Raum in Art einer Kapelle gestaltete.

Wer während des Rundgangs durch die Sammlung eine kleine Pause einlegen möchte, muss dazu das Museum nicht verlassen. Das **Café Greco** bietet in historischem Ambiente alles, was der Kunstschöpfte zu seiner Stärkung braucht.

Im ehemaligen Gärtnerhaus neben dem Museumsgebäude ist die **Junge Kunsthalle** 6 untergebracht. Hier finden u. a. Begleitausstellungen zu den großen Präsentationen im Haupthaus statt. Dabei gibt es Kunst zum Betrachten, Anfassen und Erleben, und natürlich auch einen Bereich, um selbst aktiv zu werden.

Im Winterquartier

Die **Sammlung der Moderne** mit Werken der Nachkriegszeit bis in die Gegenwart befindet sich nur ein paar Meter weiter in der **Orangerie** 7 . Angepasst an die Architektur der Kunsthalle gehörte der etwa 87 m lange Bau aber ursprünglich zu den botanisch genutzten Häusern des Schlossgartens.

Hier überwinterten die Zitronen- und Orangenbäume, die in den Sommermonaten die Gartenwege säumten. In der Zwischenzeit nutzte man das Gebäude, vor allem den schönen Kuppelsaal, zu kleinen Veranstaltungen und Tanznachmittagen. Der Blick in den Garten aus den großen Rundbogenfenstern des Längsbaus war besonders reizvoll. 1925 zogen in die Orangerie bereits die ersten Gemälde ein. Seit dem Wiederaufbau 1951 wird das Gebäude ausschließlich als Kunstmuseum genutzt. Neben regelmäßigen Wechselausstellungen werden Werke von Künstlern wie Max Ernst, Yves Klein oder Josef Albers gezeigt. Zur permanenten Sammlung zählen aber nicht nur Gemälde sondern auch plastische Arbeiten, beispielsweise von Wilhelm Loth.

Infos und Öffnungszeiten

Botanischer Garten: Hans-Thoma-Str. 6, www.botanischer-garten-karlsruhe.de, Außengelände tgl. 6 Uhr bis zur Dunkelheit; Schauhäuser Di–Fr 10–16.45, Sa, So, Fei 10–17.45 Uhr; Ausstellung zur Historie des Gartens im Torbogengebäude tgl. 10–18 Uhr, Eintritt 2,20 €, Kinder 1,10 €

Bundesverfassungsgericht **4**: Schlossbezirk 3, www.bundesverfassungsgericht.de; Übergangsquartier während der Renovierung in Waldstadt, Rintheimer Querallee 11

Staatliche Kunsthalle Karlsruhe **5**: Hans-Thoma-Str. 2–6, www.kunsthalle-karlsruhe.de, **Hauptgebäude, Junge Kunsthalle** **6** und **Orangerie** **7** Di–Fr 10–17, Sa, So, Fei 10–18 Uhr; bei großen Ausstellungen längere Öffnungszeiten, Eintritt 4 €, ermäßigt 2 €

Café Greco in der Kunsthalle **5**: Hans-Thoma-Str. 2–6, Tel. 0721 926 33 59, www.kunsthalle-karlsruhe.de, Di, Mi, Fr 10–18, Do 10–21, Sa, So, Fei 11–18 Uhr, Kuchen ab 2,60 €

Gaumengenuss

Die Terrasse der **Badischen Weinstuben** **1** (Schlossbezirk 11, Tel. 0721 60 78 79, www.badische-weinstuben.de, Di–So 10–23, warme Küche 11.30–14, 18–21.30 Uhr, Hauptgerichte ab 9 €) im Botanischen Garten gehört zum Schönsten, was Karlsruhe an Außengastronomie zu bieten hat. Man sitzt unter dem spektakulären Eisengewölbe des alten Wintergartens. Die marktfrische Küche setzt saisonale Schwerpunkte. Badische Spezialitäten stehen dabei im Mittelpunkt. Außerhalb der Essenzeiten kann man sich auch mit Kaffee und Kuchen verwöhnen lassen. Der Familienbetrieb ist zu allen Jahreszeiten eine empfehlenswerte Adresse. Weinliebhaber und Gourmets können in der **Oberländer Weinstube** **2** (Akademiestr. 7, s. S. 96) erlesen speisen. Wer bei einem Getränk und Imbiss ein wenig verschnaufen will, geht ins **Café Rih** **3** (Waldstr. 3, s. S. 38, 40).

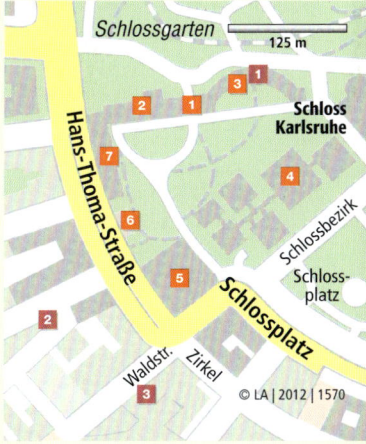

© LA | 2012 | 1570

3 | Lesen, staunen und genießen – Prinz-Max-Palais

Karte: ▶ E 3 | **Anfahrt:** S1/11, 2, 5, Tram 1–4, 6, H Europaplatz

Eine herrschaftliche Villa, einst als Statussymbol erbaut, steht im 21. Jh. jedermann offen. Für eine kleine Weile finden hier alle Generationen ein wenig Ruhe und Muße, um der Stadtgeschichte nachzugehen, um den großen Literaten einen Besuch abzustatten oder um zu lesen oder zu spielen.

1881 beauftragte der Unternehmer August Schmieder den Architekten Josef Durm mit dem Bau einer Villa. Auf einer ehemaligen Parkanlage ließ er zwischen der Akademie-, der Karl- und der Stephanienstraße einen Monumentalbau mit Garten errichten, der damals zu den größten und prächtigsten der ganzen Stadt zählte. Obwohl das Gebäude im Zweiten Weltkrieg stark getroffen wurde, zeigen seine Außenfassaden noch den reichhaltigen Schmuck im Stil der Renaissance und des Barock. Die

Südseite mit Allegorien des Handels und des Bergbaus zeigt die Erfolge Schmieders. Die Ostseite mit den Tugenden der Sittsamkeit, der Mutterliebe, Häuslichkeit und Gastfreundschaft nimmt Bezug auf die Eigenschaften seiner Frau. Nach dem Tod der Eheleute Schmieder erwarb Prinz Max von Baden, der spätere Reichskanzler, das Anwesen, das seither seinen Namen trägt. Von 1952 bis 1969 beherbergte das **Prinz-Max-Palais** [1] das Bundesverfassungsgericht, heute gibt es zwei Museen und einer Bibliothek Raum.

Offen für alle Generationen

Auf beinahe 800 m² kann der Besucher des **Stadtmuseums** der Geschichte Karlsruhes auf den Grund gehen. Ein Modell der Pyramide, die auf dem Marktplatz steht, gibt Einblick in das geheime Innere des Bauwerks. Mediale Stationen heben die Bedeutung Karlsruher Erfinder hervor. So zeigt ein Nachkriegskino, was Carl Benz und Karl Freiherr Drais von Sauerbronn so alles ins Rollen brachten. Aus einem Volksempfänger tönen Berichte von der Zeit des Nationalsozialismus in Karlsruhe.

Im **Museum für Literatur am Oberrhein** findet jeder Buchliebhaber kostbare Originale und Materialien der Buchdruckkunst. Herausragend sind die Dokumentationen zu Johann Peter Hebel und Viktor von Scheffel, deren Leben und Werke mit ausgesuchten Exponaten, Originalen und Handschriften veranschaulicht werden.

Das junge Publikum kann in der **Kinder- und Jugendbibliothek** auf Entdeckung gehen. Neben Gedrucktem, Bilderbüchern für die Kleinsten und fremdsprachiger Literatur umfasst das Angebot längst auch Tisch- und Computerspiele, CDs und DVDs. An Tischen oder auf Schmökerstufen kann man sich wunderbar die Zeit vertreiben.

Übrigens: Am Ende der Karlstraße befindet sich die **Staatliche Münze Karlsruhe** . Es ist das letzte Gebäude des Hofarchitekten Friedrich Weinbrenner, dessen Fertigstellung 1827 er schon nicht mehr erlebte. Hier wurden die Münzen zunächst für Baden, heute für Deutschland geprägt. Euro- oder Centmünzen mit dem Prägebuchstaben ›G‹ stammen aus der Karlsruher Münze. Sie zählt zu den kleinsten deutschen Prägestätten und ist die einzige, die noch in ihrem historischen Gebäude untergebracht ist.

Infos und Öffnungszeiten

Prinz-Max-Palais 1: Karlstr. 10
Stadtmuseum: Tel. 0721 133 42 30, www.karlsruhe.de/b1/stadtgeschichte/stadtmuseum.de, Di, Fr, So 10–18, Do 10–19, Sa 14–18 Uhr, Eintritt frei
Museum für Literatur am Oberrhein: Tel. 0721 133 40 87, http://web1.karlsruhe.de/Kultur/MLO, Di, Fr, So 10–18, Do 10–19, Sa 14–18 Uhr, Eintritt frei
Kinder- und Jugendbibliothek: Tel. 0721 133 42 62, www.karlsruhe.de/b2/bibliotheken, Di, Do 10–19, Mi, Fr 10–18, Sa 10–14 Uhr

Zu jeder Tageszeit

In einem Seitenflügel des Prinz-Max-Palais lädt das angenehm sachlich eingerichtete **Max, Café, Bar** 1 (Akademiestr. 38 a, Tel. 0721 161 78 90, www.max-cafe-bar.de, Mo, Di 10–23, Mi, Do 10–24, Fr, Sa 10–2, So 10–18/19.30 Uhr, Mittagstisch ab 7 €) zu einer Auszeit ein. Besonders idyllisch sitzt man im Sommer auf der Terrasse im alten Garten. Das Max ist auch zum Stopp bei einem Stadtbummel zu empfehlen – ob zum Frühstück, zum kleinen Mittagessen, dem Nachmittagskaffee oder dem Cocktail am Abend. Wer besonders süß is(s)t, sollte gegenüber vom Prinz-Max-Palais im **Goldstück** 2 (s. S. 95) vorbeischauen, einem kleinen Café, das sich ganz auf Leckermäulchen eingestellt hat.

4 | Historisch, kunstvoll, exklusiv – die Waldstraße

Karte: ▶ E 3/4 | **Anfahrt:** S1/11, 2, 5 Tram 1, 3, 4, H Herrenstr.

Die Waldstraße ist die westlichste der historischen Fächerstraßen, die im 18. Jh. den Stadtbereich Karlsruhes umfassten. Geschichten, die sich einst in diesen Häusern abspielten, lassen sich teils noch heute an den alten Gemäuern ablesen. Die historischen Häuser beherbergen neben Kunst- und Kultureinrichtungen auch eine Vielzahl an individuellen Geschäften.

Gleich zu Beginn des Straßenzugs vom Schloss her kommend erhebt sich das herrschaftliche Gebäude des **Badischen Kunstvereins** **1**. Bereits 1818 gründete sich die Institution zur Förderung und Vermittlung zeitgenössischer Kunst und ist damit eine der ältesten ihrer Art in Deutschland. Das Haus in der Waldstraße ließ der Verein 1900 eigens für seine Ausstellungen durch den Architekten Friedrich Ratzel in neoba-

rockem Stil errichten. In mehreren Räumen wird neben den Kunstpräsentationen ein umfangreiches Rahmenprogramm aus Vorträgen, Konzerten, Filmen und Diskussionen veranstaltet.

Spannende Einblicke

Im Erdgeschoss des ehrwürdig wirkenden Kunstvereins hat das **Café Rih** sein Domizil. Der offene, lichte Raum unter dem nierenförmigen Sternenhimmel, eine Anspielung auf die 1950er-Jahre, bietet die richtige Atmosphäre für ein entspanntes Frühstück. Aber auch beim Schlummertrunk ist das Publikum angenehm unaufgeregt. Ein bisschen Boheme eben.

Einige Schritte weiter blieben drei **historische Häuser** **2** (Waldstr. 5–9) erhalten, die in der Gründungszeit Karlsruhes zwischen 1719 und 1722 errichtet wurden. Alle drei befinden sich im Besitz der BBBank. Gegenüber macht die Architektenkammer Baden-

Wüttemberg mit dem **Architektur-schaufenster** 3 auf sich aufmerksam. In der Geschäftsstelle finden zur Förderung der Baukultur Tagungen, Seminare und Informationsveranstaltungen statt. Ein eigens dazu gegründeter gemeinnütziger Verein unterstützt und leitet die Belange.

Das Parterre der Waldstraße 21 wurde von Privatbesitzern dem Bezirksverband Bildender Künstlerinnen und Künstler zur Verfügung gestellt. Alle zwei Monate werden im **BBK Schaufenster** 4 zwei Mitglieder des Verbands vorgestellt. Der Wechsel wird öffentlich mit einer kleinen Vernissage gefeiert, die nicht nur die Freunde des Verbands mit Interesse verfolgen. Auch Passanten werden von den Vorgängen in den Schaufensterräumen angelockt.

In unmittelbarer Nachbarschaft des BBK Schaufensters befindet sich das älteste Haus der Innenstadt, ein schmuck sanierter **Fachwerkbau** 5 (Waldstr. 17) von 1718. Bis Ende 2012 zeigte hier Galerist Raimund Voegtle hochkarätige Kunst. Es bleibt abzuwarten, wie das Haus zukünftig genutzt wird.

Auf eine lange Tradition, die bis ins frühe 19. Jh. reicht, kann die **Kunst-handlung Armin Gräff** 1 zurückblicken. Neben Gemälden und Aquarellen präsentiert sie vor allem eine große Auswahl moderner und alter Grafik sowie Kunstdrucke aller Stilrichtungen – auch mit Karlsruher Motiven. Und wer eine besondere Kunstpostkarte sucht, Gräff wirbt mit einem der größten Angebote im süddeutschen Raum.

Kaffee oder Tee?

Bei all den Entdeckungen darf ein Päuschen nicht fehlen. Der Espresso im **La Cultura del Caffè** 2 macht nicht nur munter, sondern mit etwas *dolce* auch noch gute Laune. Mehr als nur ein kleiner Laden, in dem man Kaffee kaufen und probieren kann. Hier wird er zelebriert. Lassen Sie sich beraten!

Ein Eldorado für Teetrinker ist **Wilkendorf's Teehaus** 3. Das 1886 gegründete und inzwischen in vierter Generation geführte Fachgeschäft versetzt seine Kunden nach Fernost. Ein Panoptikum zum Schauen, Riechen, Studieren und Probieren unzähliger Teesorten. 1998 wurden erstmals Tees aus kontrolliert biologischem Anbau ins Programm aufgenommen. Selbstverständlich findet man hier alle Accessoires, die zum Teetrinken dazugehören. Dazu kommt eine äußerst freundliche und kompetente Bedienung. Der »Feinschmecker« zählt Wilkendorf's zu den besten zehn deutschen Teegeschäften.

Schöne Plätze

Nicht nur für den medizinischen Bedarf lohnt an der Kreuzung der Waldstraße mit der Kaiserstraße ein Blick in die **Hof-Apotheke** 6. Das 1901 fertiggestellte Jugendstilgebäude des Architekten Hermann Billing ist innen wie außen ein Schmuckstück. Von hier weist der **Sonnenfächer,** ein goldener Strahl aus Fliesen der Majolika Manufaktur in der Straßenmitte, den Weg in den südlichen Teil der Waldstraße.

Am **Ludwigsplatz** 1 finden sich zahlreiche Einkehrmöglichkeiten. Gerade an sonnigen Nachmittagen kann man von den Außenplätzen dem geschäftigen Treiben entspannt bei einer Tasse Kaffee zuschauen. Zudem gibt es neben der Ludwigspassage jede Menge kleiner Geschäftchen, in denen es sich herrlich stöbern lässt.

Schräg gegenüber weitet sich die Waldstraße zum **Stephanplatz.** Namensgebend war Generalpostmeister Heinrich von Stephan, da der Platz an das ehemalige Quartier der Reichspost stößt, das 2001 in die moderne **Postgalerie** 4 (s. S. 77, 106) verwandelt wurde. Von der im frühen 20. Jh. gestalteten Gartenanlage blieb der **Nymphenbrunnen** des Jugendstilbaumeisters Hermann Billing erhalten. Der Pfeilerring zeigt groteske Gesichtszüge Karlsruher Prominenter aus dem Jahr 1905, denen beim Anblick der nackten Schönen im Zentrum der Brunnenanlage scheinbar das Wasser im Mund zusammenläuft. Rund um den Brunnen findet montags, mittwochs und freitags ein großer Wochenmarkt statt.

Südlich des Stephanplatzes bedienen exklusive Geschäfte rund um die Themen Mode, Kunst, Lifestyle und Wohnen das verwöhnte Publikum. Ein Blick lohnt ins **Einrichtungshaus Burger** 5 (Waldstr. 89–91, s. S. 103), das die neuesten Trends der Möbelszene zeigt. Und wer nach einem anstrengenden Tag genüsslich speisen möchte, der ist im **Portale 50** 2 (Waldstr. 50, s. S. 98) oder im **Dudelsack** 3 (Waldstr. 79, s. S. 96) genau richtig.

Infos und Öffnungszeiten

Badischer Kunstverein 1 : Waldstr. 3, Tel. 0721 282 26, www.badischer-kunstverein.de, Di–Fr 11–19, Sa, So 11–17 Uhr, Eintritt 3 € bzw. 1,50 €

Café Rih 1 : Waldstr. 3, im Haus des Badischen Kunstvereins, Tel. 0721 220 74, www.caferih.de, tgl. 10–1 Uhr, ganztägig Frühstück, mittags ab 7 €

Architekturschaufenster 3 : Waldstr. 8, www.architekturschaufenster.de.

BBK Schaufenster 4 : Waldstr.21, Vernissage alle zwei Monate Mi ab 18 Uhr, Infos unter www.bbk-karlsruhe.de

Kunsthandlung Armin Gräff 1 : Waldstr. 20, www.kunsthandlung-graeff.de, Mo–Fr 10–19, Sa 10–14 Uhr

La Cultura del Caffè 2 : Waldstr. 10, Tel. 0721 937 91 23, www.la-cultura-del-caffe.de, Mo–Fr 8–18, Sa 9–18 Uhr

Wilkendorf's Teehaus 3 : Waldst. 22, Tel. 0721 256 26, www.wilkendorfs-teehaus.de, Mo–Fr 9.30–19, Sa 10–18 Uhr

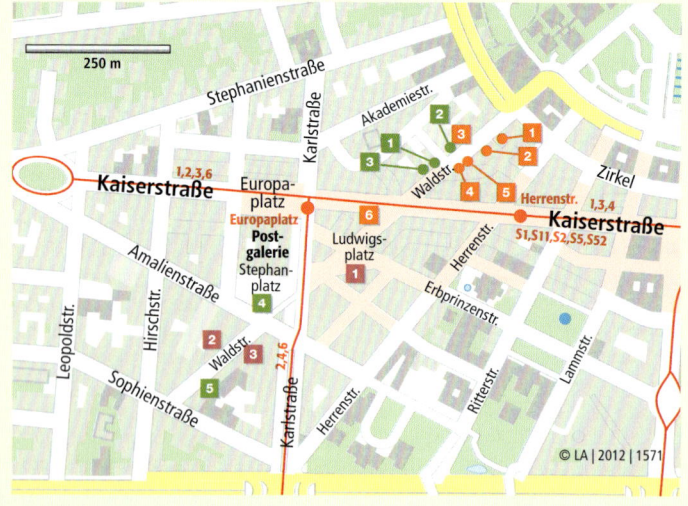

© LA | 2012 | 1571

5 | Symbol der Bürgerstadt – der Marktplatz

Karte: ▶ F 4 | **Anfahrt:** S 1/11, 2, 4/41, 5, Tram 1–5, H Marktplatz

Als Karlsruhe gegründet wurde, befand sich an der Stelle des Marktplatzes ein kleiner Kirchenbau mit einem Pfarr- und einem Schulhaus. Dahinter erstreckte sich der erste Friedhof der Stadt. Heute pulsiert hier zwischen Kirche und Rathaus innerstädtisches Leben. Der Marktplatz ist der Treffpunkt aller Generationen.

Entsprechend der evangelisch-lutherischen Konfession des Landesherren stand in der Hauptachse zum Karlsruher Schloss ein kleiner Kirchenbau. Im Bereich des Kirchenchores setzte man nach seinem Tod 1738 den Markgrafen Karl Wilhelm bei. Als um das Jahr 1800 der neue Hofbaumeister Friedrich Weinbrenner begann, die Stadtanlage nach Süden zu erweitern und den Marktplatz anzulegen, mussten die Kirche und ihre Nebengebäude weichen.

Ein Denkmal für den Stadtgründer

Erst viel später, nach verschiedensten Planungen, entstand 1823 über der Grablege des Stadtgründers ein Denkmal in Form einer **Pyramide** ■. Den Eingang bildet eine bronzene Platte an der Nordseite. Dahinter liegt ein Raum mit einer Marmortafel, die den Fächergrundriss der Stadt wiedergibt. Unter diesem Hauptraum befindet sich noch heute die Gruft mit dem Sarg des Toten. Sie wurde bislang nur zweimal geöffnet, um ihren Zustand zu kontrollieren, zuletzt 1991 im Beisein des damaligen Oberbürgermeisters und des Prinzen Bernhard von Baden. Einen Blick ins Innere ermöglicht seither ein maßstabsgetreues Modell im Stadtmuseum.

Das Tor zur Stadt

Mit der wachsenden Bedeutung Badens, es war durch den Einfluss Napoleons zum Großherzogtum aufgestie-

41

Übrigens: Auf halbem Weg zwischen Schloss und Marktplatz liegt das kleine **Museum am Markt** `5`, eine Zweigstelle des Badischen Landesmuseums. Neben regelmäßigen Wechselausstellungen zeigt die Dauerschau eine Sammlung angewandter Kunst von 1900 bis zu aktuellen Designobjekten. Besonders bemerkenswert sind die Exponate, die die verschiedenen Facetten des Jugendstils beleuchten. Darunter finden sich Arbeiten bedeutender Künstler wie Peter Behrens, Josef Maria Olbrich oder dem Karlsruher Hermann Billing.

gen, wuchsen auch das Ansehen und die Bürgerzahl der Residenz. Maßgebliche Aufgabe des Architekten Weinbrenner war es daher, die Stadt zu erweitern und ihr ein bürgerliches Zentrum zu geben. Er gestaltete die zentrale Achse zwischen Schloss und Ettlinger Tor als neue Prachtstraße, eine *via triumphalis*, mit dem **Markt** als bedeutender Mitte.

Die beiden herausragenden Gebäude des Platzes, Symbole der weltlichen und geistlichen Macht, sind noch heute die evangelische **Stadtkirche** `2` und das **Rathaus** `3`. Weinbrenner plante zwischen den Bauwerken, die sich mit ihren zum Markt hin ausgerichteten Portalseiten wie ein Tor gegenüberstehen, eine enge architektonische Beziehung. Beide werden von einem dreieckigen Tympanonfeld bekrönt, beide werden von sechs Säulen und Pilastern gegliedert, wobei der Kirchenportikus mehr Gewicht erhielt.

Letztlich veränderten die verschiedenen zusätzlichen Funktionen die Gestaltung der Bauwerke. Zu den Nutzern des Rathauses gehörte früher nämlich nicht nur die städtische Verwaltun, sondern ebenso die Salzbank und die Schlachterei, hinzu kamen Räume für die Feuerwehr und auch für die Polizei. In den Nebengebäuden der Stadtkirche fanden weitere Institutionen Platz, zum Beispiel das örtliche Lyzeum, das seine Wurzeln im *gymnasium illustre* in Durlach im 16. Jh. hatte, sowie eine Sternwarte oben im Turm.

Städtischer Trubel

Nach den Plänen Weinbrenners wurde der Platz in zwei Bereiche unterteilt. Auf seiner durch die zurückgesetzte Häuserflucht quadratischen Hälfte wird noch heute rund um die Pyramide der Obst-, Gemüse- und Blumenmarkt abgehalten. Dessen Beschicker kamen früher aus den umliegenden kleinen Dörfern, um ihre Ernte zu verkaufen. Im Norden wird diese Platzhälfte von der Kaiserstraße, der Haupteinkaufsmeile, begrenzt, südlich schließt sich der schmälere Teil des Platzes an. Hier fand rund um den **Brunnen des Großherzogs Ludwig** `4` wöchentlich ein Holzmarkt statt.

Viele Händler und Kirchenbesucher, aber auch die städtischen Angestellten zog es nach getaner Arbeit in den **Kaiserhof** `1`. Das traditionsreiche Gasthaus beherbergte schon in der ersten Hälfte des 19. Jh. den Hauptausschank der Brauerei Hoepfner. Noch immer kann man hier gemütlich sitzen und regionale Küche probieren. Wer auf Zimmersuche ist, findet hier ein Hotel direkt im Herzen der Stadt.

Bis heute ist der Marktplatz ein Ort der Geselligkeit. Das zeigt sich insbesondere bei den vielen Veranstaltungen, die hier stattfinden, u. a. das traditionelle Brigandefeschd oder der winterliche Christkindlesmarkt. Einen guten Blick über das rege Treiben hat man von den Fensterplätzen in der oberen Etage des traditionsreichen **Cafés Böckeler** `2`. In der Manier klassischer Konditorei-Cafés werden auf zwei Etagen und auf der großen Marktplatzterrasse unzählige Kuchensorten und Kaffeevariationen serviert. Auch ein leckeres Früh-

stück gibt es hier. Wer gerne den Daheimgebliebenen etwas mitbringt, kann das Karlsruher Wahrzeichen, die Pyramide, als süße Köstlichkeit erstehen.

Infos und Öffnungszeiten

Evangelische Stadtkirche 2: Marktplatz, Tel. 0721 283 42, www.stadtkirche-karlsruhe.de, Mo–Sa 12–18 Uhr

Rathaus 3: Karl-Friedrich-Str. 10, Tel. 0721 13 30, www.karlsruhe.de/b4.de, Mo, Mi 8–15, Di, Do, Fr 8–12, Do 14–17.45 Uhr

Museum am Markt 5: Karl-Friedrich-Str. 6, Tel. 0721 926 65 14, www.landesmuseum.de, Di–Do 11–17, Fr–So, Fei 10–18 Uhr, Eintritt 2 €

Kaiserhof 1: Hebelstr. 9, Tel. 0721 47 00 06 51, www.kaiserhof-ka.de, tgl. 7.30–23 Uhr, ab ca. 10 €

Café Böckeler 2: Kaiserstr. 141, Tel. 0721 86 48 90, http://boeckeler-confiserie.de, Mo–Sa 8–19, So, Fei 9.30–18.30 Uhr, ab 6 €

Genießen am Marktplatz

Im **Besitos** 3 (Karl-Friedrich-Str. 9, Tel. 0721 352 51 88, www.besitos.de, tgl. 11–1 Uhr, Mittagstisch ab 5,90 €) trifft man sich zum kleinen Häppchen zwischendurch, genießt abends Cocktails und einige Tapas oder schlemmt bei einer Paella. Neben den hohen Mauern der Stadtkirche öffnet sich eine eigene kleine Welt abseits des Trubels. An lauen Sommerabenden, wenn die Stufen zum Lokal mit Kissen und kleinen Tischhockern bestückt sind, herrscht ein südliches Ambiente. Die **Marktlücke** 4 (Zähringerstr. 96, Tel. 0721 669 98 29, www.karlsruher marktluecke.de, Mo–Do 10–1, Fr, Sa 10–3, So 10–1 Uhr, Mittagstisch ab 4,20 €) bietet badische und internationale Küche, beglückt aber auch alle

Schnitzelfans. Zu empfehlen ist der Mittagstisch im **Restaurant Eigen Art** 5 (Hebelstr. 17, s. S. 97), auf ein Getränk geht man ins **Wohnzimmer** 1 *(Zähringerstr. 96, s. S. 110).*

Ein feines Tröpfchen für Zuhause gibt es in **Ehrlichs Wein-Contor** 1 (Hebelstr. 19, Tel. 0721 200 00, www.ehrlichsweincontor.de, Mo–Fr 10–19, Sa 9.30–16 Uhr) – ein wahres Paradies für Weinfreunde und solche, die es werden wollen. Nicht zu vergessen die ausgezeichnete Käseauswahl passend zum Wein. Mit Schokolade in köstlicher Vielfalt – zum Essen und Trinken, mal süß, mal scharf, mal bitter – verführt **Pralina** 2 (Hebelstr. 21, Tel. 0721 160 22 18, www.pralina.net, Mo–Sa 10–18 Uhr). Hier kann man sich hinsetzen, verweilen, probieren und natürlich auch das ein oder andere für später erstehen.

Karte: ▶ E/F 4 | **Anfahrt:** S1/11, 2, 5, Tram 1, 3, 4, H Herrenstraße

**Wo einst der Erbprinz sein Lust-
häuschen hatte, wo er in seinem
Garten spazierte, genießen heute
die Karlsruher eine ihrer grünen
Ruheinseln inmitten prächtiger
städtischer Bauten des 19. Jh.
Regelmäßig finden auf der herrlichen Platzanlage auch große
und kleine Feste statt. Besonders
beeindruckend ist der weih-
nachtliche Zauber, den die Eiszeit
im Advent bietet.**

Der Garten des Erbprinzen Karl Ludwig
erstreckte sich Anfang des 19. Jh. von
der Nordseite des **Friedrichsplatzes**
bis an die Kriegsstraße. Da schon damals die Erbprinzenstraße das weitläufige Areal durchschnitt, ließ Karl Ludwig
von Friedrich Weinbrenner eine unterirdische Grotte mit einem Brunnen anlegen, um seine Gärten zu verbinden.
Weinbrenners Anlage musste in der
zweiten Hälfte des 19. Jh. bei der Neu-
bebauung des Friedrichsplatzes weichen. Erhalten blieb nur ein Wasser-
speier in Form eines Neptunkopfes, den
man heute nahe der Majolika Manufaktur im Hardtwald entdecken kann.

Vom höfischen Garten
zur städtischen Oase

Karl Joseph Berckmüller, Schüler Weinbrenners, wurde 1865 mit der Errich-
tung des heutigen **Naturkundemuseums** **1** beauftragt. Er schuf einen drei-
flügeligen Neorenaissancebau. Den
Eingang bildet ein Triumphbogen mit
darüber aufragenden Säulen, die über-
lebensgroße Figuren schmücken. Die
abschließende Kuppel wurde im Zweiten Weltkrieg zerstört.

Den Grundstock zur Sammlung legte Markgräfin Caroline Luise in der
zweiten Hälfte des 18. Jh. Heute beherbergt das Museum u. a. Terrarien sowie
Aquarien für Fische und Korallen, besitzt eine Gesteins- und Mineralien-

sammlung sowie Exponate der Urzeitgeschichte, zeigt die Welt der Insekten, beleuchtet Lebensräume in Afrika und in den Polargebieten ebenso wie die heimische Natur.

Architektur mit Vorbildcharakter

Zum westlichen Rand des Platzes öffnet sich die Platzbebauung zur katholischen Kirche **St. Stephan** `2` (erbaut 1804–14). Sie ist ein weiteres Glanzstück Friedrich Weinbrenners. Er konnte hier im Gegensatz zur evangelischen Stadtkirche am Marktplatz seine Idee eines Zentralbaus nach dem Vorbild des römischen Pantheons verwirklichen. Sein Entwurf setzte Maßstäbe für die später entstandenen Nachbarbauten.

Die markante Kuppel von St. Stephan wurde nicht nur von Berckmüller beim Bau des Naturkundemuseums aufgegriffen, auch die **Badische Landesbibliothek** `3` aus dem Jahr 1984 bezieht sich architektonisch auf den berühmten Nachbarn. Die Bibliothek entwarf der international angesehene Architekt Oswald Mathias Ungers. Er würdigte in einem Dialog zwischen Kuppeln, Giebeln und Farben die Bedeutung Weinbrenners für das städtische Gefüge. Das für Ungers typische Gestaltungsmotiv, das Quadrat, findet sich natürlich ebenso in unterschiedlicher Betonung an den einzelnen Bauteilen. Im Vorgebäude der Landesbibliothek öffnete im Frühjahr 2012 das **Wissenstor,** ein modernes Lehr- und Lernzentrum.

An der nördlichen Seite der Stephanskirche wurde 1822 das Ständehaus als erstes deutsche Parlamentsgebäude eröffnet. Ein Neubau beherbergt seit 1993 die **Stadtbibliothek** und die **Erinnerungsstätte Ständehaus** `4`. In Anlehnung an den historischen Bau schuf die Planfabrik zu den Achsen der

Übrigens: Von Ende November bis Ende Januar zaubert die **Eiszeit** eine glitzernde Winterlandschaft mitten in die City. Außer einer Freilufteisfläche für Geübte und einer für Anfänger gibt es eine gemütliche Lounge mit lockerer Atmosphäre. Abends wird auch Eisstockschießen veranstaltet.

Ständehaus- und Ritterstraße eine Rotunde für die Erinnerungsstätte. In den Untergeschossen werden Dokumente aus der badischen Parlaments- und Demokratiegeschichte gezeigt.

Auf dem ehemaligen Terrain des Ständehauses befinden sich auch das katholische Gemeindezentrum und die Einkaufsgalerie im **Gothaer Haus** `1`. Hier kann man essen gehen oder bei **Lapislazuli** kleine Kostbarkeiten aus Tausend-und-einer-Nacht erstehen: Schmuck von Nomaden, Lampen, orientalische bzw. arabische Wohnaccessoires, gewebte und geknüpfte Teppiche. Eines der schönsten Geschäfte in der Innenstadt, das Mike Nowak seit 2005 führt.

Genuss für alle Sinne

Seit 1956 hat das **Kammertheater** `1` schon an verschiedenen Orten seine Bühne errichtet. Was mit gerade mal 70 Plätzen an der Wald- Ecke Amalienstraße begann, ist zu einer weit über die Region bekannten Spielstätte des gehobenen Boulevards gewachsen. 2004 bezog das Theater in der ehemaligen Landeszentralbank ein neues Domizil.

Fürs leibliche Wohl sorgt im Haus die **Alte Bank** `1`, die mit ihrem Namen auf den letzten Eigentümer des Gebäudes anspielt. Wo früher die Landesbank ihre große Säulenhalle hatte, lassen sich heute die Restaurantbesucher bewirten. Die großen Fenster bieten einen herrlichen Überblick über den Platz vor St. Stephan, wo in den Sommermonaten ein Biergarten öffnet. Ob vor oder nach einer Aufführung des Kammertheaters oder vielleicht gleich zum Frühstück, es findet sich immer eine Gelegenheit, in der Alten Bank einzukehren.

Im Namen des Volkes

Südlich der Landesbibliothk stößt man auf die jüngste Erweiterung des **Bundesgerichtshofs**. Der 2003 eingeweihte Bau beherbergt nicht nur zwei große Sitzungssäle, sondern auf drei Etagen auch die größte Rechtsbibliothek im deutschsprachigen Raum. Einen kleinen Einblick kann man durch die hohe Glasfront erhaschen. Weiterhin befindet sich in diesem Komplex das **Rechtshistorische Museum** 5 mit Dokumenten und Roben vergangener Zeit. Auf Wunsch erhält man durch den für das Museum verantwortlichen Verein auch eine Führung.

Der eigentliche Kern des Gerichtsgeländes, das bis 1918 Großherzog Friedrich II. und seine Frau Hilda als Wohnsitz nutzten, ist das nach Süden liegende **Erbgroßherzogliche Palais** 6. Das Paar ließ sich das Gebäude bis 1897 durch den Oberbaudirektor Josef Durm errichten. Nach dem Ende der Monarchie waren zunächst verschiedene staatliche Institutionen darin untergebracht, bis es am 1. Oktober 1950 zum Sitz des Bundesgerichtshofs und damit der Obersten Gerichts für Zivil- und Strafrecht in Deutschland, wurde. Die Behörde des Generalbundesanwalts, die hier ebenfalls arbeitete, erhielt wegen Raumnot 1988 ein eigenes Anwesen an der Brauerstraße.

Infos und Öffnungszeiten

Naturkundemuseum 1: Erbprinzenstr. 13, Tel. 0721 175 21 11, www.smnk.de, Di–Fr 9.30–17, Sa, So 10–18 Uhr, Eintritt 3 €, ermäßigt 2 €, Kinder unter 6 Jahre frei

Kaiserstraße

Kriegsstraße

125 m   © LA | 2012 | 1572

Badische Landesbibliothek 3: Erbprinzenstr. 15, www.blb-karlsruhe.de, Mo–Fr 9–19, Sa 10–18 Uhr; **Wissenstor** Mo–Fr 9–21, Sa 10–20 Uhr

Erinnerungsstätte Ständehaus 4: Ständehausstr. 2, Tel. 0721 133 42 50, www.karlsruhe.de/b1/stadtgeschichte/staendehaus.de, Di, Do 10–19, Mi, Fr 10–18, Sa 10–14 Uhr, Eintritt frei

Lapislazuli 1: Herrenstr. 23, im Gothaer Haus, Tel. 0721 160 77 81, www.lapislazuli-galerie.de, Mo–Fr 10–19.30, Sa 10–18.30 Uhr

Kammertheater 1: Herrenstr. 30–32, Tel. 0721 231 11, www.kammertheater-karlsruhe.de, Kasse Mo–Fr 10.30–19.30, Sa 10.30–13.30 Uhr

Alte Bank 1: Herrenstr. 30, Tel. 0721 183 28 18, www.altebank.de, tgl. 10–1 Uhr, ab 5,40 €

Rechtshistorisches Museum 5: Herrenstr. 45 a, www.rechtshistorisches-museum.de, Di 10–12 Uhr, Eintritt 2 €, ermäßigt 1,50 €

7 | Das Tor zur Südstadt – der K-Punkt

Karte: ▶ F/G 5 | **Anfahrt:** S1/11, 4/41, 5/51, Tram 2, 3, 5, H Ettlinger Tor

Per Bürgerentscheid haben sich die Karlsruher für eine verkehrstechnische Neugestaltung ihrer Haupteinkaufsstraße, der Kaiserstraße, ausgesprochen. Das umfangreiche Projekt einer Untertunnelung verwandelt die Innenstadt auf viele Jahre in eine Großbaustelle. Die Karlsruher tragen es mit badischer Gelassenheit.

Als 1877 die erste Straßenbahn, damals noch als Pferdebahn, durch die Karlsruher Kaiserstraße fuhr, hätte man sich wohl kaum träumen lassen, dass daraus ein Netz wachsen sollte, das von Germersheim bis hinter Heilbronn, von Odenheim bis weit hinter Freudenstadt reicht. Da außer den Straßenbahnen auch ein großer Teil der Stadtbahnen direkt über den Karlsruher Marktplatz fährt, wurde in den letzten Jahren aus dem gemütlichen Einkaufsbummel ein

dauerndes Ausweichen bzw. Zurücktreten. Daher haben sich 2002 über 55 % der Bürger dafür entschieden, dass im Kernbereich der Stadt ein Tunnel für die Bahnen geschaffen wird. Zudem soll an der Kriegsstraße, der Hauptverkehrsachse für Autos, ein Straßentunnel entstehen, auf dessen Deckel eine neue Bahntrasse verlaufen kann. Ziel der Kombilösung ist es, die Kaiserstraße als Hauptader im Zentrum für die Karlsruher ebenso wie für Besucher wieder attraktiv und reizvoll zu gestalten. Das enorme Bauvorhaben wurde am 21. Januar 2010 begonnen.

Veränderung kann spannend sein

Damit die Bürger und natürlich auch die zahlreichen Gäste der Stadt sich immer wieder über den aktuellen Stand der Arbeiten informieren können, ist nicht nur eine umfangreiche Internetpräsenz entstanden, sondern es wurde zusätzlich

47

am Ettlinger Tor das Informationszentrum **„K."** 1 eröffnet. Hier erläutern Schau- und Infotafeln die verschiedenen Bauabschnitte, Videos zeigen die hochmodernen Bautechniken und die Fähigkeiten der Tunnelbohrmaschine. In das Haus ist das Café **Barco** integriert, das drinnen wie draußen viel Platz zum Beobachten, Diskutieren und Verweilen bietet.

Großes Theater

In unmittelbarer Nachbarschaft des K-Punktes hat das **Badische Staatstheater** 1 seinen großen Auftritt. Seine Vorgänger standen im Botanischen Garten in der Nähe des Schlosses. Das von Friedrich Weinbrenner erbaute Hoftheater wurde 1847 durch ein Feuer zerstört und als Neubau von Heinrich Hübsch 1853 wieder eröffnet. 1918 von Hoftheater in Badisches Landestheater und schließlich 1933 in Staatstheater umbenannt, fiel das schöne Haus am Schloss im Zweiten Weltkrieg den Bomben zum Opfer. Erst mit dem

neuen Theatergebäude am Ettlinger Tor entstand 1975 wieder eine Spielstätte mit mehreren Bühnen und Sälen. Das Badische Staatstheater avancierte zu einer über die Region hinaus angesehenen Bühne mit den Sparten Musiktheater, Konzert, Ballett und Schauspiel.

In der ehemaligen Oberpostdirektion am „K.", erbaut durch den Architekten Hermann Billing, stellt **Die Stadtmitte** 2 ein abwechslungsreiches Kulturprogramm auf die Beine. Der Club bietet mit verschiedensten Veranstaltungen von Konzerten bis zu Lesungen für jeden Geschmack etwas.

Südstadtbummel

Wer noch ein wenig Zeit hat, dem sei ein Spaziergang in die Südstadt empfohlen. Nach dem Bau des ersten Bahnhofes 1843, der sich an der Stelle des heutigen Staatstheaters befand, vollzog sich Richtung Süden die erste Erweiterung der Innenstadt. Früher waren es überwiegend Arbeiter, Handwerker und einfache Leute, die sich in diesem Be-

Das Badische Staatstheater erhielt am Ettlinger Tor eine attraktive Spielstätte

reich niederließen. Heute ist rund um den Werderplatz mit dem **Indianer-Brunnen** [2] ein multikulturelles Viertel entstanden. Neben einer bunten Palette an Restaurants und Kneipen siedelten sich viele Künstler mit ihren Werkstätten, Schauräumen oder Galerien an.

Gleich gegenüber der Stadtmitte stellt die **Galerie Knecht und Burster** [1] hochwertige Kunst aus. Die Werke stammen schwerpunktmäßig von Lehrern oder Schüler n der Karlsruher Akademie der Bildenden Künste.

Wen das Programm des Staatstheaters nicht reizen kann, der sollte auf jeden Fall einen Blick in Karlsruhes ältestes Kino, die **Schauburg** [3], werfen. Die Institution, wenn es in Karlsruhe um das Thema Kino geht, wurde bereits mehrfach mit nationalen Awards für ihr außergewöhnlich gutes Programmkino

Übrigens: Da bei solchen Großbaustellen immer wieder neugierige Passanten gespannt über die Absperrungen schauen, soll ihnen auch ganz offiziell ein Blick hinter die Kulissen ermöglicht werden. Die **KASIG** (Karlsruher Schieneninfrastruktur-Gesellschaft) bietet daher in kontinuierlichen Abständen Begehungen der einzelnen Bauabschnitte an, zu denen man sich anmelden muss. Teilnehmer sollten unbedingt daran denken, festes Schuhwerk zu tragen.

bedacht. Neben den Kassenschlagern sind regelmäßig interessante Filmklassiker, Originalfassungen oder Reviews zu sehen. Beliebt ist das sonntägliche Kinofrühstück.

Infos und Öffnungszeiten

KASIG: www.diekombiloesung.de, Tel. 0721 133 55 77

„K." und **Barco** [1]: Ettlinger Torplatz 1a, Tel. 0721 46 71 46 08, www.barco-im-k.de, Mo–Sa 10–22, So 12–22 Uhr, kleine Gerichte ab 5 €

Badisches Staatstheater [1]: Baumeisterstr. 11, www.staatstheater.karls ruhe.de, s. auch S. 115

Die Stadtmitte [2]: Baumeisterstr. 3, Tel. 0721 467 14 31, www.die-stadt mitte.de, Mi–Sa 22–5 Uhr

Galerie Knecht und Burster [1]: Baumeisterstr. 4, Tel. 0721 937 49 10, www.galerie-knecht-und-burster.de, Mi–Fr 14–19, Sa 11–16 Uhr

Schauburg [3]: Marienstr. 16, Tel. 0721 350 00 18, www.schauburg.de, So Frühstück ab 10 Uhr, Film ab 11 Uhr

Gaumenfreuden

Kulinarische Wünsche erfüllt das **Kommödchen** [1] (Marienstr. 1, Tel. 0721 350 58 84, www.kommoedchen-ka.de, tgl. 18–1 Uhr, Hauptgerichte ab 13,50 €). Wer in dem gediegenen, kleinen Restaurant mit etwa 30 Plätzen einkehren möchte, sollte reservieren.

8 | Studentenleben in der Stadt – rund ums KIT

Karte: ▶ G/H 3/4 | **Anfahrt:** S 2, 4/41, 5, Tram 1, 2, 4, 5, H Durlacher Tor

Die Gründungsgeschichte der Universität Karlsruhe beginnt 1825, gut 130 Jahre später die des Forschungszentrums Karlsruhe. Beide Institutionen schließen sich 2009 zum Karlsruher Institut für Technologie, kurz KIT, zusammen. In der langen Entwicklung entstand nicht nur ein umfangreiches Campusgelände, sondern auch junges Leben außerhalb der Hörsäle.

Die Pariser Ecole Polytechnique, die bereits 1794 entstand, diente als Vorbild für die Gründung der **Polytechnischen Schule** zu Karlsruhe. 1825 ließ Großherzog Ludwig die neue Einrichtung in den Räumen des Gymnasiums am Marktplatz unterbringen. Einige Jahre später wurde das Polytechnikum durch die Einbindung der Bau,- Ingenieur- und Forstschule auf breitere Beine gestellt. 1865 erhob Großherzog

Friedrich I. die Lehranstalt zur ersten Technischen Hochschule in Deutschland. Zum 50-jährigen Thronjubiläum Friedrichs 1902 erhielt sie den Beinamen Fridericiana. Seit 1967 hat sie den Status einer Universität.

Von der Uni zum KIT

Als Kernreaktor Bau- und Betriebsgesellschaft mbH beginnt 1956 die Geschichte des späteren Forschungszentrums Karlsruhe in Eggenstein-Leopoldshafen, nordwestlich der Stadt. Bereits 1962 wurde dort ein Forschungsreaktor in Betrieb genommen. Ab den 1990er-Jahren verlegte man jedoch den Schwerpunkt immer stärker auf Umwelttechniken sowie auf die Energie- und Grundlagenforschung. So wurde 1995 aus dem Kernforschungszentrum das **Forschungszentrum Karlsruhe – Technik und Umwelt.** Diese Entwicklung sowie der Beginn der Exzellenzinitiative 2004 führten über zahlreiche Annäherungen und Schwierigkeiten letztlich zur erfolgreichen Zusammenlegung von Forschung und Wissenschaft, von Forschungszentrum und Universität – zur Gründung des **KIT** im Oktober 2009.

Der historische Kern

Die beiden Hauptbereiche des KIT in der Innenstadt und in Eggenstein-Leopoldshafen nördlich von Karlsruhe heißen aufgrund ihrer geografischen Lage Campus Süd und Campus Nord. Das **Hauptgebäude der Universität** 1 an der Kaiserstraße östlich des Kronenplatzes wurde 1835 als Polytechnikum erbaut. In Anlehnung an die italienischen Palazzi der Renaissance entwarf Heinrich Hübsch einen kompakten Baukörper mit einem dreibogigen Eingang. Die rasant wachsenden Studentenzahlen erforderten bereits nach knapp 30 Jahren einen Anbau. Friedrich Theodor Fischer schuf eine Kopie von Hübschs Bauwerk und verband das Ensemble durch einen Mittelrisalit, der zugleich den Durchgang zum **Ehrenhof** bildet.

Ein Gestaltungskonzept erhielt der Ehrenhof erst 1924 durch den Künstler Max Laeuger. Er verwandelte den Platz samt der Fassaden sowie der vorhandenen und der neuen Denkmäler in ein Gesamtkunstwerk. Im Zentrum der Anlage ehrt eine Statue der **Pallas Athene** die Gefallenen des Ersten Weltkriegs. Rechter Hand erinnert ein **Denkmal an Heinrich Hertz,** dem an der Universität der Nachweis der elektromagnetischen Wellen gelang.

Von Hauptgebäude und Ehrenhof aus erstreckt sich das Universitätsgelände nach Norden bis in den Hardtwald hinein. Die solitären Universitätsbauten spiegeln die Geschichte der Architektur der letzten 150 Jahre. Größter Hörsaal des KIT ist das 2002 eingeweihte **Audimax** 2 .

Künstlerisches Leben

Nicht weit vom Universitätsgelände entfernt befindet sich das sogenannte **Dörfle,** die Karlsruher Altstadt. Dort, wo einst im 18. Jh. die Bauarbeiter des Schlosses fernab des schönen städtischen Getriebes lebten, bildete sich nach der groß angelegten Sanierung in den 1970er-Jahren eine ganz eigene Szene zwischen Rotlicht, Studenten und Künstlern. Seit den späten 1970er-Jahren hat auch der 1909 gegründete **Bundesverband Bildender KünstlerInnen (BBK)** 3 seinen Platz im Dörfle. In der **Künstlerhaus-Galerie,** die in ihren Ausstellungen Arbeiten der Verbandsmitglieder wie auch von Gästen präsentiert, kann man die reiche Kunstszene der Stadt entdecken.

Wenn es im Hörsaal zu trocken wird

Studentisches Leben findet sich natürlich längst nicht nur auf dem Campus, für die über 37 000 jungen Leute hat sich eine breite Kneipenszene im Dörfle und in der angrenzenden Oststadt entwickelt. Von Studis für Studis gemacht ist das **Z10** 1 . Das Studentische Kulturzentrum im Studentenhaus dient als Treffpunkt und bietet Programm.

Für alle kultigen Szenefans ist das **Kap** 2 ein unbedingtes Muss. Hier lässt man sich immer wieder etwas einfallen, um neue Gäste zu finden und alte Gäste zu binden, vom sonntäglichen Weinprobiertag bis zu den gefragten Mottofeten. Im Sommer ist der begrünte Innenhof sehr gefragt. Wen beim abendlichen Feiern der Hunger quält, der findet auf der abwechslungsreichen Tageskarte eine kleine Auswahl an hausgemachten Gerichten. Auch der **Prinz S** 3 hat sich einen Platz unter den angesagten Szenekneipen erobert.

Die 1985 eröffnete Brauereiwirtschaft **Vogelbräu** 1 erfreut sich auch wegen des gemütlichen Biergartens großer Beliebtheit. Hier treffen sich alle Altersgruppen und Schichten, um zum unfiltrierten frischen Bier die handfesten Speisen von der großen Karte zu probieren. Eine schöne Idee: Als Souvenir kann man urige Ein- bis Dreiliterflaschen erstehen. Wer gerade in Durlach oder Ettlingen unterwegs ist, kann auch dort das unfiltrierte Original genießen.

Zum Pflichtprogramm vieler Erstsemester gehört die **Zwiebel** 4 in der Oststadt. Die derb eingerichtete Studentenkneipe mit Biergarten wird damit für manch einen während der gesamten Studienzeit zu *der* Adresse für gesellige Abende. Dagegen bietet die **Oktave** 2 eine gemütliche Atmosphäre abseits des hektischen Treibens sowie internationale Küche von asiatisch bis mediterran.

Ins **Gold** 3 kann man eigentlich immer einkehren, egal ob man eine Kleinigkeit essen oder in Feierlaune mit Freunden einen Cocktail trinken möchte. Selbst wenn ein Gläschen Wein und und eine gemütliche Ecke angesagt sind, ist man hier richtig. Die kleine interessante Speisekarte hält für jeden Geschmack etwas bereit.

Infos und Öffnungszeiten

KIT 1: Campus Süd, Kaiserstr. 12, Tel. 0721 608-0, www.kit.edu
BKK und **Künstlerhaus-Galerie** 3: Am Künstlerhaus 47, Tel. 0721 373376, www.bbk-karlsruhe.de,

250 m

Richard-Willstätter-Allee

Adenauerring

Karlsruher Institut für Technologie (KIT)
Mensa

Engesserstr.

S2 4,5

Karl-Wilhelm-Str.

Kaiserstraße
1, 2, 4, 5 Durlacher Tor/KIT

Waldhornstr.
Zähringerstr.
Am Künstlerhaus

Bernhardstr.
Ludwig-Wilhelm-Str.

Durlacher Allee
1, 2

Gottesauerstr.
Lachnerstr.
Ostendstr.

S4, S41, S5

Kapellenstraße
Alter Friedhof

Ludwig-

Ostendstr.
Erhard-Allee

6

Philipp-Reis-Str.,
die neue welle

Wolfartsweierer Str.
(Ostauepark)

© LA | 2012 | 1573

Galerie Mi–Fr 17–19, Sa, So 14–18 Uhr
Z10 1: Zähringerstr. 10, Mo, Mi, Fr 12–1 Uhr, Veranstaltungen erster und dritter Sa im Monat
Kap 2: Kapellenstr. 68, www.kap-ka.de, Tram 3, H Mendelssohnplatz, tgl. ab 18, So–Do bis 2, Fr, Sa bis 3 Uhr
Prinz S 3: Zähringerstr. 15/Fasanenplatz, Tel. 0721 915 45 99, www.prinz-s.de, So–Do 17–1, Fr, Sa 17–3 Uhr
Vogelbräu 1: Kapellenstr. 50, Tel. 0721 37 75 71, www.vogelbraeu.de, Mo–So 10–1 Uhr, kleine Gerichte ab 5 €
Zwiebel 4: Durlacher Allee 24, Tel. 0721 722 86 87, http://diezwiebel.net, Mo–Fr 11.30–14.30, 17–1, Sa 11.30–1, So, Fei 17–1 Uhr, ab 6 €
Oktave 2: Ludwig-Wilhelm-Str. 3, Tel. 0721 66 05 02 07, www.oktave-karlsruhe.de, Mo–Do 11–14.30, 17.30–1, Fr 11–14.30, 17.30– 3, Sa 17.30–3, So 11–1 Uhr, ab 7 €
Gold 3: Ludwig-Wilhelm-Str. 12, Tel. 0721 626 82 38, www.gold-ka.de, Mo–So ab 10 Uhr, Hauptgerichte ab 7,90 €

9 | Zauberhaft und erhaltenswert – die Majolika Manufaktur

Karte: ► F 2 | **Anfahrt:** S 1/11, 2, 4/41, 5, Tram 1–5, H Marktplatz

Mitten im ehemaligen Jagdrevier des Markgrafen von Baden liegt die einzige Majolika Manufaktur Deutschlands. Wie ein romantisches Kleinod verbirgt sie sich am Rande des Schlossgartens, nur etwa fünf Gehminuten vom Schlossturm entfernt. Es sind nicht nur traditionell gefertigte Gebrauchskeramiken, sondern auch kleine und große Kunstwerke der besonderen Art, die hier bestaunt und auch erworben werden können.

Es waren die Ideen und Ambitionen des Künstlers Hans Thoma, die 1901 die **Großherzogliche Majolika Manufaktur** 1 entstehen ließen. Hier sollte die alte Technik der vorwiegend in Italien gefertigten Glasur des 15. Jh. wiederbelebt werden und so den Namen der badischen Residenz und ihrer Kunst weit über die Landesgrenzen hinaus bekanntmachen. Thoma schuf schon damals aus der Kombination des Badischen Wappens, der Großherzoglichen Krone und zwei flügelähnlichen ›M‹ ein Markenzeichen für die Majolika Manufaktur, das sich bis heute als Gütesiegel auf den Objekten erhalten hat. In eigenen Ateliers entwerfen und entwickeln Künstler und Künstlerinnen, über längere Zeit oder nur als Gäste, ihre Kunstwerke. Sie prägen die als Unikat gestalteten Arbeiten ebenso wie die seriellen Produkte und zeigen dauerhafte Korrespondenz mit zeitgenössischer Kunst.

Geachtet und begehrt
Bereits 1904 erlangten die Werkstätten internationale Beachtung auf der Weltausstellung in St. Louis. Man ehrte dort die Arbeit der Manufaktur mit der Auszeichnung durch eine Goldmedaille.

Die Verleihung eines Film- und Fernsehpreises brachte die Karlsruher Majolika Manufaktur auch nach dem Zwei-

53

Übrigens: Wer mit wachen Augen am Ahaweg entlangspaziert, kann einen kleinen Schatz aus dem frühen 19. Jh. finden. Rechts von der Majolika Manufaktur, an der Mauer zum Gelände der Karlsruher Stadtwerke, fand der **Neptunkopf** 4 aus der nicht mehr bestehenden Grottenanlage am Friedrichsplatz einen neuen Standort.

ten Weltkrieg wieder in aller Munde. Das begehrte Bambi wurde ab 1948 in Karlsruhe durch den Burda-Konzern verliehen. Die Bildhauerin Else Bach hatte in den Werkstätten die Vorlage zu dieser kleinen Plastik geschaffen. Sie war zunächst aus weißem Porzellan, bis ihre Produktion ab 1958 in eine Gießerei nach Süßen verlegt wurde. Seither ist das Kitz aus vergoldeter Bronze.

Eine Verbindung zur Stadt

Mit dem Beginn des neuen Jahrtausends wollte sich auch die Majolika der Stadt, ihren Bürgern und natürlich deren Gästen moderner und offener präsentieren. Durch die idyllische Lage am Rand des Schlossgartens fanden nur wenige Besucher den Weg zu Manufaktur, Galerie und **Museum** 2. 2001 wurde mit 1645 Keramikfliesen ein **Blauer Strahl** 3 zwischen den Werkstätten und dem Schlossturm gelegt. Er nimmt eine der alten, für den Stadtgrundriss so bedeutenden Achsen auf und macht jeden Besucher des Schlossgartens auf die Produktionsstätten und deren Werkstoff aufmerksam.

Nicht nur für Besucher der Majolika

Auch an die kulinarische Verpflegung ist gedacht. Im großen Innenhof der Manufaktur, umgeben von Werkstätten, Museum und Verkaufsraum, verführt die **Cantina Majolika** 1 zur Einkehr. Sowohl innen in den offenen Hallen des Bistros, den Bar- und Restauranträumen als auch im Außenbereich inmitten von Kunstwerken findet der Gast ein reizvolles Ambiente. Mittags und abends genießt man hier leichte, kleine Küche oder ein großes Menü, in den Nachmittagsstunden entspannt man bei Kaffee und herrlichem Kuchen aus der Konditorei Endle. Und am Wochenende lässt es sich an diesem lauschigen Ort wundervoll brunchen.

Infos und Öffnungszeiten

Majolika Manufaktur 1: Ahaweg 6–8, Tel. 0721 912 37 70, www.

majolika-karlsruhe.de; Verkaufsgalerie Di–Fr 10–19, Sa, So 10–17 Uhr
Museum in der Majolika 2: Zweigstelle des Badischen Landesmuseums, Ahaweg 6–8, www.landes museum.de, Di–So 10–13, 14–17 Uhr, Eintritt 2 € bzw. 1 €, Familien 4 €, Fr nachmittags freier Eintritt
Cantina Majolika 1: Ahaweg 6–8, Tel. 0721 161 14 92, www.cantina majolika.de, Di–Sa 12–24, So 10.30–18 Uhr, Hauptgerichte 8,50–15 €, Sonntagsbrunch 10.30–14 Uhr, Erwachsene 19,50 €, Kinder 7–13 Jahre 10 €, unter 7 Jahren kostenlos

© LA | 2012 | 1574

10 | Ein kunterbunter Markt – auf dem Gutenbergplatz

Karte: ▶ B 4 | **Anfahrt:** S 1/11, 2, 5, Tram 2, 3, H Yorckstr.

An einem sonnigen Samstagmorgen gibt es für den Wochenendeinkauf wohl kaum einen besseren Ort in der ganzen Stadt als den Gutenbergplatz. Bereits seit über 100 Jahren findet hier ein Wochenmarkt statt. Zeit und Muße zu probieren, auszuwählen und zu schwelgen sollte man unbedingt mitbringen. Aber auch außerhalb der Marktzeiten lädt der Gutenbergplatz zum Bummeln und Genießen ein.

Noch zum Beginn des 19. Jh. lag der Bereich um den heutigen Gutenbergplatz außerhalb der Tore, die man zur Waren- und Personenkontrolle errichtet hatte. Hier draußen auf den Wiesen und Feldern befand sich zu dieser Zeit noch die Karlsruher Richtstätte. Das letzte öffentlich durchgeführte Todesurteil wurde 1829 an zwei Raubmördern mit dem Schwert vollzogen.

Ein städtischer Platz entsteht

Nach der Abschaffung öffentlicher Hinrichtungen nutzte zunächst der Schützenverein die vormalige Ríchtstätte als Schießwiese. Ende des 19. Jh. machte die fortschreitende Bebauung neue städteplanerische Maßnahmen erforderlich. Zuerst wurden die Längsseiten des Platzes bebaut, 1904 die Fläche für einen Wochenmarkt geebnet und schließlich entstanden an den schmalen Stirnseiten des Platzes zwei Schulgebäude, 1908 die **Gutenbergschule** [1] im Norden und 1911 gegenüber das **Lessing-Gymnasium** [2], das erste Mädchengymnasium in Deutschland.

Dreimal in der Woche herrscht auf dem Gutenbergplatz beim größten, ältesten und schönsten **Karlsruher Wochenmarkt** [1] ein buntes Treiben zwischen frischem Gemüse und Delikatessen aus dem Elsass. Am lebhaftesten geht es am Samstag zu, wenn bis zu 50 Händler den Markt üppig beschicken.

Der Krautkopfbrunnen sorgt auf dem Gutenbergplatz für eine heitere Atmosphäre

Die den Gutenbergplatz einfassenden Fassaden weisen trotz ihrer Geschlossenheit eine individuelle Gestaltung auf. Längst stehen sie unter dem Schutz des Denkmalamts. Beide Längs- und die Südseite des Platzes säumt eine Alleen aus Lindenbäumen, der nördliche Abschluss ist einreihig bepflanzt. Die Linden spenden den Beschickern und Besuchern des Marktes nicht nur Schatten, sondern sie sorgen auch für eine angenehme Parkatmosphäre mitten in der Stadt. Zu dieser trägt auch der 1908 fertiggestellte **Krautkopfbrunnen 3** bei. Wenn er auch nicht mehr in seiner ursprünglichen Form von einem doppelten Wasserbecken umgeben ist, so schließt er nicht nur den Platz optisch ab, sondern bietet gerade den kleineren Besuchern im Sommer die beste Abwechslung.

Flanieren mit Überraschungen

Die Weststadt rund um den Gutenbergplatz ist so einladend, dass man sich nach dem Marktbesuch noch ein wenig Zeit nehmen sollte. Bei einem Bummeln entdeckt man viele kleine Kneipen und Cafés, Galerien und Lädchen mit ausgefallenen Angeboten sowie manches Jugendstiljuwel.

Wer auf dem Markt leckeren Käse, einen frischen Salat oder ein schönes Stück Fleisch oder Fisch erstanden hat, wird mit Sicherheit im ›badisch‹ **Weinlade am Gutenbergplatz 2** den passenden Wein finden. Guntram Fahrner, der die Weinhandlung führt, wurde zu Deutschlands bestem Sommelier des Jahres 2001 gekürt. Man ist also in besten Händen, wenn es hier um das Thema Beratung geht. Auf das gute Sortiment darf man sich bei so einem Gaumen ebenfalls verlassen.

Ein besonderer Tipp ist der **Schauraum 3** in der Uhlandstraße, der Fotos ausstellt und in allen erdenklichen Präsentationsformen verkauft. Gleich nebenan hat sich die **Hemingway Lounge 1** als der Ort für Klangkunst einen Namen gemacht. An drei Abenden in der Woche sowie samstags mittags an Markttagen wird hier vor allem Jazz live gespielt.

Am südlichen Ende des Gutenbergplatzes stößt man auf die **Sophienstraße** 4, an der sich hier vier- und fünfgeschossige Wohnhäuser der Jahrhundertwende reihen. Ihre reich geschmückten Jugendstilfassaden zählen zu den schönsten in der Stadt. So blickt vom Haus mit der Nummer 136 eine wunderschöne Sphinx vom Balkon auf den Betrachter herunter und vom Erker des 1903 erbauten Gebäudes Sophienstraße 138 lächelt uns eine Landpomeranze zu.

Zurück auf den Gutenbergplatz genießt man unter den Linden ein erstes oder gerne auch zweites ausgiebiges Frühstück. Die Auswahl an Einkehrmöglichkeiten am Platz ist bereits zur Marktzeit reichlich. Besonders gut lässt es sich bei **Großmudder's** 1 entspannen. Nomen est omen! In der gemütlichen Stube mit angeschlossener Bäckerei sitzt man wie in Omas Wohnzimmer auf alten Sofas und Sesseln. Die diversen Frühstücksangebote werden mit Liebe zubereitet und serviert. An

Übrigens: 1877 wurde in der Sophienstraße Nr. 14 eine Höhere Mädchenschule erbaut. Sie sollte die jungen Frauen der bürgerlichen Gesellschaft auf ihre Aufgaben als Damen und Hausfrauen vorbereiten; wissenschaftliche Bildung war nicht erwünscht. Nur wenig später zeigte sich das liberale Baden offen für die Forderung der Bildungsreformerin Hedwig Johanna Kettler. Mit Unterstützung des Landtags, des Ständehauses und der Regierung wurde am 16. September 1893 in der Höheren Mädchenschule ein gymnasialer Zug eingerichtet. Aufgrund der großen Nachfrage wurde schon bald das Mädchengymnasium am Gutenbergplatz gebaut. Den Namen seiner Initiatorin trägt es allerdings bis heute nicht.

Samstagen ist es empfehlenswert zu reservieren, denn in das kleine Zimmer passen nicht allzu viele Leckermäuler.

Infos und Öffnungszeiten

Wochenmarkt 1: Di, Do, Sa ca. 7.30–14 Uhr

Weinlade am Gutenbergplatz 2: Nelkenstr. 33, Tel. 0721 830 77 70, www.weinlade.de, S 1/11, 2, 5, Mo–Fr 10–19, Sa 9.30–16 Uhr

Schauraum 3: Uhlandstr. 32, www.schauraum-ka.de, Do, Fr 10–18, Sa 10–14 Uhr

Hemingway Lounge 1: Uhlandstr. 26, www.hemingwaylounge.de, Do, Fr 19–1, Sa 11–15, 20–1 Uhr, ca. Ende Juni–Mitte Sept. geschl.

Großmudder's 1: Nelkenstr. 21, Tel. 0721 85 84 86, www.grossmudders.org, Mo, Mi, Fr 6–18, Di, Do, Sa 6–14, So 8–18 Uhr, Mittagstisch ab 7 € Für alle die gerne Bummel

11 | Kulturinsel auf internationalem Niveau – das ZKM

Karte: ▶ C 5/6 | **Anfahrt:** Tram 2, H ZKM

**In einem ehemaligen Industrie-
komplex im Karlsruher Westen
befindet sich heute eines der
innovativsten Museen im Bereich
der medialen Kunst. In einer
Verbindung aus Ausstellungsort
und Forschung, Kunstvermittlung
und Dokumentation vereinigen
sich hier seit 1997 verschiedene
Institute, denen mit der Hochschule für Gestaltung und der
Städtischen Galerie weitere
künstlerische Bereiche angebunden sind.**

Bereits 1984 lag in Karlsruhe das Konzept für ein Museum der medialen
Kunst auf dem Tisch. Wegen zu hoher
Kosten musste die Idee eines Neubaus
hinter dem Hauptbahnhof fallen gelas-
sen werden. Der Erwerb des Hallenbaus
der ehemaligen Deutschen Waffen- und
Munitionsfabrik 1989 eröffnete der
Stadt die Perspektive, das Museums-

konzept zu verwirklichen. 1993 begann
das Architekturbüro Schweger und
Partner mit dem Umbau des alten In-
dustriekomplexes. Im Oktober 1997
öffnete das Zentrum für Kunst und Medientechnologie, kurz **ZKM** 1, seine
Pforten.

Von der Waffenschmiede
zur Medienwelt

Der Hallenbau, den sich die Deutsche
Waffen- und Munitionsfabrik 1915
durch den Architekten Jakob Manz errichten ließ, gehörte zu den ersten In-
dustriegebäuden, die sich an der weg-
weisenden Konzeption Peter Behrens
für den Bau der AEG 1912 in Berlin ori-
entierten. Die Konstruktion eines Be-
tonskeletts erlaubte eine sehr individuelle Gestaltung der Innenräume. Das
Gebäude mit einer Länge von mehr als
300 m wird durch zehn Lichthöfe sowohl innen als auch außen gleichmäßig
rhythmisch gegliedert.

Als ›elektronisches Bauhaus‹ bezeichnete Gründungsdirektor Heinrich Klotz die neue Institution, in der die Künste und neuen Medien in Theorie und Praxis miteinander verbunden werden. Neben den verschiedenen Instituten zur Forschung und Dokumentation wurden weite Bereiche für Ausstellungen, Konzerte und Veranstaltungen eröffnet. Ein Museum, in dem sich Verstehensprozesse über alle Sinne – auch den Tastsinn – vollziehen. Im Bereich des **Medienmuseums** ist die Interaktivität Teil des Gesamtkonzepts, viele Installationen wurde eigens für dieses Museum geschaffen.

Partner im besten Sinne

Zeitgleich mit dem ZKM bezog auch die **Städtische Galerie** 2 im südlichsten Lichthof ihr neues Domizil. Ab 1981 besaß die Sammlung der Stadt, die sich auf die Akademie, ihre Professoren und Schüler sowie auf die Kunst des deutschen Südwestens konzentriert, eigene, wenn auch beschränkte Räumlichkeiten im Prinz-Max-Palais. Nun besitzt sie Raum für eine umfangreichere Dauerausstellung, für die Sammlung des Ehepaars Garnatz, für Sonderausstellungen und Begleitprogramm.

Bis 1999 bezogen dann die **Hochschule für Gestaltung (HFG)** 3 die Lichthöfe 3 bis 5 und schließlich das **Museum für Neue Kunst** 4 die Lichthöfe 1 und 2 am nördlichen Ende. Zusammen bilden sie mit dem ZKM und der Städtischen Galerie eine einzigartige Lehr-, Forschungs- und Ausstellungsinstitution, die jeden Museumsbesucher zum Künstler und Entdecker werden lässt.

Eröffnung der Ausstellung »Lichtkunst aus Kunstlicht« im ZKM

Gegensätzliche Nachbarn

An der Brauerstraße entstanden auf dem ehemaligen Fabrikgelände zwei weitere Neubauten, deren Gestaltung und Nutzung kaum unterschiedlicher sein könnten. Der Sitz des **Generalbundesanwalts beim Bundesgerichtshof** 5 , 1994 nach Plänen von Oswald Mathias Ungers realisiert, bildet einen geschlossenen und natürlich streng bewachten Komplex. Das Gebäude erinnert an eine mittelalterliche Festung. Nur in seinem oberen Bereich lässt es die offene und großzügige Architektur erahnen, die in seinem Innern herrscht. Die für Ungers Stil so charakteristische Verwendung des Quadrats in vielfältiger Art und Weise zeigt sich hier ebenso deutlich wie am Gebäude der Badischen Landesbibliothek.

Der **Filmpalast am ZKM** 1 hingegen lädt mit einer offenen Architektur aus Glas, Metall und Lack den Passanten förmlich dazu ein, einen Blick ins Innere zu werfen. Der Name ›Palast‹ ist hier nicht übertrieben. Es gibt 3000 Sitzplätze, zehn Leinwände und ein großes Foyer mit Restaurants und Bars. Jeden Montag ist Sneak Preview – ein Überraschungsfilm – angesagt. Kinderfilme gehören zum festen Bestandteil des Programms, das sich an Kassenschlagern orientiert. Wer Hunger bekommt, hat im Filmpalast die Auswahl zwischen einem amerikanischen Dinner, der Fritte mit Pommes satt, einem chinesischen und einem eher italienisch angehauchten Restaurant. Einen vegetarischen Imbiss serviert das **Glashaus** 1 gleich neben dem ZKM.

Infos und Öffnungszeiten

ZKM (Medienmuseum) 1 und **Museum für Neue Kunst** 4 : Lorenzstr. 19, Tel. 0721 810 00, www.zkm.de, Mi–Fr 10–18, Sa, So

11–18 Uhr, Eintritt je Museum 5 €, ermäßigt 3 €, Kombiticket 8 €, ermäßigt 5 €, Eintritt gesamte Halle inkl. Städtische Galerie 13 €, ermäßigt 10 €
Bibliothek, Mediathek, Medialounge: Di–So 11–19 Uhr
Städtische Galerie 2 : Lorenzstr. 27, Tel. 0721 133 44 01, www.karlsruhe.de/b1/kultur/kunst_ausstellungen/museen/staedtische_galerie.de, Mi–Fr 10–18, Sa, So 11–18 Uhr, Sammlung 2,60 €, ermäßigt 1,80 €
Hochschule für Gestaltung 3 : Lorenzstr. 15, Tel. 0721 82 03 23 69, www.hfg-karlsruhe.de
Generalbundesanwalt 5 : Brauerstr. 30, Tel. 0721 819 10, www.generalbundesanwalt.de
Filmpalast am ZKM 1 : Brauerstr. 40, automatische Ticket-Hotline Tel. 0721 205 92-01 oder -00, Online-Reservierung und Programm unter www.filmpalast.net
Glashaus 1 : Holtzstr. 5, Di–Fr 11–18, Sa 10–14 Uhr, ab ca. 4,50 €

12 | Das einstige Saubad – der Zoologische Stadtgarten

Karte: ▶ F 6 | **Anfahrt:** S1, S4, S11, S41, Tram 2, H Hauptbahnhof

Alles begann damit, dass die Bauern des nahe gelegenen Dörfchens Beiertheim auf einem schmalen Viehtriebweg ihre Schweine zur Mast in das hiesige Sallenwäldchen führten und sie im dortigen kleinen See baden ließen. Heute ist daraus ein wunderschöner Stadtgarten mit Zoo geworden, der auch ein imposantes Eisbärengehege zur Schau stellt. Den See kann man mit einer Gondoletta durchqueren oder an seinem Ufer Konzerten lauschen.

Wer mit dem Zug in Karlsruhe ankommt, erkennt gleich vis-à-vis des **Hauptbahnhofs** **1** den Eingang in den Zoologischen Stadtgarten. Zwei kleine Häuser flankieren einen historischen Säulengang, unter dem der Besucher hindurch zum eigentlichen **Kassenhäuschen** **2** gelangt. Als 1967 die Bundesgartenschau in Karlsruhe stattfand, gestaltete man diesen neuen Zugang mit Wasserspielen, die das laute Straßenleben abschirmen.

Ein Aussichtsberg mit besonderem Kern

Wenige Schritte vom Eingang abwärts steht man bereits am südlichen Ende des 1893 angelegten **Schwanensees** **3**. Mit dem Erdaushub wurde gleich nebenan ein Hügel aufgetürmt, der ein Wasserhochreservoir ummantelt. Dieses sorgte für einen gleichmäßigen Wasserdruck in den seit 1900 entstandenen mehrgeschossigen Häuser der Stadt. Der See und der Hügel, nach dem seinerzeit regierenden Oberbürgermeister Wilhelm Lauter **Lauterberg** **4** genannt, sollten aber auch zur Attraktivität eines bereits damals bestehenden kleinen Zoos beitragen. Idyllische Wege wurden angelegt, die bis heute auf den 39 m hohen ›Gipfel‹ führen. Oben be-

Übrigens: Zwischen dem Hauptbahnhof und den Hallen des **Karlsruher Kongresszentrums** 11 (s. S. 76) am Festplatz wurde der Zoologische Stadtgarten in den 1960er-Jahren als grüne Achse neu gestaltet. Er ermöglicht eine idyllische Verbindung abseits lauter Verkehrsadern. Wer ein wenig mehr Zeit hat, kann den Weg sogar in einer **Gondoletta** 1 zurücklegen. Anleger der Boote befinden sich nahe des südlichen Zooausgangs am Hauptbahnhof und des nördlichen Ausgangs am Festplatz.

fand sich einst eine Scheinruine, die im Zweiten Weltkrieg zerstört wurde. Aber ein kleiner Teil der Ummauerung ist für aufmerksame Besucher noch immer zu entdecken. Der Aufstieg wird bei gutem Wetter durch eine herrliche Fernsicht belohnt.

Schweine, Federvieh und schließlich Eisbären

Auf der Nordseite des Lauterbergs liegt das **Eisbärgehege** 5. Die zukunftsweisende Anlage ist in drei Bereiche gegliedert, einen arktischen Lebensraum mit Nachbildungen von Eisbergen, eine tundraähnliche Landschaft und Wasserbecken. Eisbärmütter mit ihren Kindern können gegebenenfalls auch separiert werden. Der Besucher sieht die Tiere bereits von der Höhe des Lauterbergs, steht ihnen dann auf Augenhöhe gegenüber und kann ihnen sogar im Tunnelgang beim Schwimmen zusehen.

Nördlich des Eisbärgeheges führt ein kleiner Pfad über ein Rinnsal an den Rand des winzigen **Ludwigsees** 6, in dessen Mitte eine Insel mit Häuschen für das Federvieh liegt. An dieser Stelle steht man an der historischen Wurzel der Zooanlage. Im 18. Jh. befand sich

hier das Saubad, zu dem die Beiertheimer Bauern besagte Tiere brachten.

1865 eröffnete der Geflügelzuchtverein eine kleine Schauanlage, in der verschiedene Vogelarten, aber u. a. auch schon Hirsche, Füchse und Ziegen zu sehen waren. Nach finanziellen Schwierigkeiten übernahm 1877 die Stadt die Tiergehege, erweiterte das Gelände und legte bereits damals den Grundstock zu der besonderen Verbindung von Stadtgarten und Zoo.

Eine asiatische Oase

Nördlich des Ludwigsees haben u. a. Raubkatzen und Elefanten ihre Reviere. Am ›Dickhäuterhaus‹ vorbei geht es über den Verbindungskanal zwischen Schwanen- und Stadtgartensee und dann nach rechts zur **Tiergartenbrücke** 7. Sie überspannt den Zoologischen Stadtgarten zwischen Bahnhofstraße und Ettlinger Straße und gibt einen guten Überblick über den Stadtgarten. Und das sogar kostenlos! Während im östlichen Teil Tiergehege Priorität haben, rückt der westliche Teil den botanischen Aspekt in den Vordergrund. Die Brücke wurde zur Bundesgartenschau errichtet. Zuvor durchschnitt an dieser Stelle eine Straße das Gartengelände.

Unter der Brücke hindurch markiert linker Hand ein großer roter Torbogen den Eingang zum **Japangarten** 8. Schon vor dem ersten Weltkrieg gestaltete Gartendirektor Friedrich Ries ein Teilstück des Stadtgartens nach japanischem Vorbild. Besonders sehenswert sind die Schenkungen und Stiftungen, die seit den 1920er-Jahren hinzukamen und vielfach aus Freundschaften zwischen deutschen und japanischen Ärzten sowie Kongressen mit japanischen Kollegen resultieren. Sie ließen nach und nach einen Garten mit einem Tempeltor, einer 13-stöckigen Pagode, einem Schrein, steinernen Löwen, einer Miniaturlandschaft aus Gebirge und Meer und vielen weiteren Elementen entstehen. Seit 1994 hat die Deutsch-Japanische Gesellschaft die Patenschaft für den Garten übernommen. Absolut sehenswert!

Spiel und Spaß

Über eine kleine Holzbrücke vorbei an den großen Wiesen und den beiden Schachfeldern gelangt man zu einem riesigen **Kinderspielplatz** 2. Für alle kleinen Besucher ein absolutes Highlight. Hier kann man neben dem üblichen Angebot klettern, Häuser mit großen Kunststoffbauklötzen errichten und im Sommer an der Wasseranlage Dämme anlegen. Wem das zu wild ist, der umrundet die Anlage einfach in einem der Oldtimerfahrzeuge einer kleinen Schienenbahn. Für alle Erschöpften gibt es gleich nebenan auch einen Kiosk mit Erfrischungen und Leckereien rund um Bratwurst und Pommes.

Zukunftsweisendes Jubiläum

Auf der anderen Seite des Sees liegt die **Seebühne** 1. Immer am Ufer des **Stadtgartensees** 9 entlang, erreicht man nahe dem nördlichen Ausgang zur Innenstadt den neu gestalteten **Streichelzoo** 3, an dem gerade die kleinsten Besucher sehr viel Freude haben.

In Vorbereitung des 150-jährigen Bestehens des Zoologischen Stadtgartens, das 2015 gefeiert wird, wurde in einem Masterplan nicht nur die Renovierung zahlreicher Gehege beschlossen. Zukunftsweisend ist vor allem der Umbau des noch bis 2008 betriebenen Tullabades in ein **Exotenhaus** 10 mit Gastronomie und Räumen für eine Zoo-Schule. Das denkmalgeschützte Hallenbad aus den 1950er-Jahren wird zur neuen Heimat für Reptilien, Fische, Schildkröten und vielen weiteren exotischen Tiergattungen, die der Besucher hautnah erleben kann. Als Hinweis auf die Historie des Hauses sehen die Pläne den Erhalt des alten Sprungturms vor.

Infos und Öffnungszeiten

Zoologischer Stadtgarten Karlsruhe: Ettlinger Str. 6, Tel. 0721 133 68 01, www.karlsruhe.de/b3/freizeit/zoo, Eingänge Bahnhofstr., Beiertheimer Allee, Festplatz und Ettlinger Str., Nov.–Jan. 9–16, Feb.–März, Mitte.–Ende Okt. 9–17, April, Anfang–Mitte Okt. 9–17.30, Mai–Sept. 8–18 Uhr, Fütterungszeiten s. Internet, Eintritt Erwachsene 6,50 €, ermäßigt 5,50 €, Kinder 6–15 Jahre 3 €, über 15 Jahre 4,50 €
Gondoletta 1: www.karlsruhe.de/b3/freizeit/zoo, Ostern bis in den Oktober, Fahrkartenverkauf am Zooeingang, Rundfahrt, ca. 40 Min. 3,50 € bzw. 1,50 €, halbe Fahrt 2 €/1 €
Seebühne 1: Veranstaltungen Mai–Sept., Progamm auf der Zoowebsite

13 | Subkultur für jeden Geschmack – im Alten Schlachthof

Karte: ▶ J/K 4/5 | **Anfahrt:** S4/41, Tram 1, 2, H Gottesauer Platz

Schon vor der endgültigen Stilllegung des alten Schlachthofes 2007 begann man, in den alten Hallen und auf dem freien Gelände kulturelle Institutionen anzusiedeln, aus denen heute ein vielschichtiger künstlerisch-kultureller Treffpunkt geworden ist. Wer Karlsruhe besucht, muss hier gewesen sein!

Zunächst entstanden die ersten Fleischbänke im 18. Jh. noch im Stadtzentrum. Der beißende Geruch und die zunehmende Bebauung machten es schon damals nötig, den Standort mehrfach zu wechseln und passende Räumlichkeiten zu suchen. Um den Bedarf des stetig anwachsenden Karlsruhes zu decken und den hygienischen Vorgaben gerecht zu werden, plante man schließlich in den 80er-Jahren des 19. Jh. den Bau eines neuen Schlachthofs am östlichen Stadtrand.

Die Schlachtbank wird zur Konzertbühne

Stadtbaumeister Wilhelm Strieder bekam den Auftrag zur Erschließung eines neuen Areals im Osten der Stadt. Er schuf eine in barockem Sinn symmetrische Anlage mit einer zentralen Achse und einem halbkreisförmigen Platzentree an der Durlacher Allee. Östlich der zentralen Achse entstand der große Viehhof für die verschiedenen Tierarten, westlich wurden kleinere Einzelgebäude für die unterschiedlichen Arbeitsprozesse und den Handel errichtet. Die Bebauung des Geländes wurde im Lauf der Jahre zunächst noch von Strieder und später von weiteren Architekten in vielfältiger Art erweitert.

Zuletzt sanierte man noch in den 1970er-Jahren einige der Schlachthofgebäude, um die Betriebe weiterhin wettbewerbsfähig zu halten, und gründete eine Gesellschaft für die Organisation und Verwaltung. Ein Großteil der

Gebäude blieben jedoch ungenutzt, wurden abgerissen oder verfielen. Der Kulturverein Tollhaus, der 1982 aus dem Folkclub hervorgegangen war und schon die verschiedensten Stätten in der Stadt bespielt hatte, eroberte als erster die Industriebrache für die alternative Kulturszene. 1992 bezog das ›tolle‹ Haus eine der ehemaligen Viehhallen. Der Ruf nach einer Umnutzung des gesamten Schlachthofareals wurde nun immer lauter, bis die Stadt beschloss, zum Ende des Jahres 2006 den Betrieb komplett stillzulegen.

Hier spielt die Musik

Mit großem Erfolg feierte das **Tollhaus** 1 seinen Umzug in den Schlachthof und präsentierte einem breiten Publikum die neuen Örtlichkeiten. Die Spielstätte wurde zu einem Anziehungspunkt für Besucher weit über die Region hinaus, sodass 2010 angebaut werden musste. Heute gibt es zwei Säle und zwei Foyers. Im großen Saal stehen bis zu 900 Sitzplätze zur Verfügung, im kleinen Saal weitere 500. Das Tollhaus gehört zu den bestbesuchten Abendadressen in Karlsruhe und ist nach dem Staatstheater der zweitgrößte Kulturveranstalter der Stadt. ›Kleinkunst‹ ist hier wahrlich untertrieben. Die wichtigste Programmsäule sind Konzerte. Die Musik kommt häufig aus Südamerika, Afrika oder Osteuropa und zeigt sich gerne auch innovativ. Außerdem werden zirzensische Abende veranstaltet, die sich an den in Frankreich aufblühenden Aktivitäten neuer Zirkusinterpretationen orientieren. Dazu kommen Kabarett, Tanztheater, Comedy, Discoabende, Open-Air-Feste, und vieles mehr. Das alljährlich vom Tollhaus organisierte Zeltival, ein Sommermusikfestival auf dem Freigelände des Schlachthofs, gehört zu den beliebtesten Events in Baden.

Übrigens: In direkter Nachbarschaft zum Schlachthofareal setzt das **Schloss Gottesaue** 1 mit Renaissancearchitektur einen starken Kontrast. Ende des 16. Jh. ließ Markgraf Karl II. von Baden den imposanten Bau mit den markanten Türmen als eine Sommerresidenz nahe seines neuen Herrschaftssitzes in Durlach errichten. Seinen gottgefälligen Namen erhielt das Lustschloss, da es den Platz einer Benediktinerabtei aus dem 11. Jh. einnahm. Im Wechsel der kriegerischen Zeiten wurde der Prachtbau mehrfach zerstört und wieder aufgebaut. Ab 1818 nutzte man ihn als Kaserne, später als Mietskaserne und Polizeischule, schließlich fiel er den Brandbomben des Zweiten Weltkriegs zum Opfer. Lange stand die Schlossruine wie ein Mahnmal des Krieges am Rande der Stadt, bis 1982 der Wiederaufbau durch die Architektin Barbara Jakubeit eingeleitet wurde. Im Wesentlichen blieben am Außenbau die alten Stilmerkmale erhalten, während die Innenarchitektur ganz auf die Anforderungen des neuen Schlossherrn, der **Hochschule für Musik (HFM)**, zugeschnitten wurden. 1989 bezogen Professoren und Studenten ihr fürstliches Domizil und erfüllen seither das Schloss ebenso wie die alten und neuen Nebengebäude mit Musik. Besonders in den Sommermonaten, wenn hier die Schauburg vor herrlicher Kulisse ihre OPEN AIR Kino-Nächte präsentiert, herrscht reges Treiben rund um Kunst- und Kulturgenuss. 2013 wird auf dem Schlossgelände der Neubau OneCampus eingeweiht. Der Multimedia- und Bühnenkomplex soll es ermöglichen, zukünftig alle Aktivitäten der HFM an einem Standort zu konzentrieren.

Im Schloss Gottesaue proben die Studenten der Hochschule für Musik

Eine ähnlich traditionsreiche Geschichte weist das **Substage** 2 auf. Der 1990 aus einer Musikerinitiative entstandene Verein präsentierte seine geräuschvollen Konzerte zunächst in einer Fußgängerunterführung am Ettlinger Tor, bis er 2010 nach einem Umbau die ehemalige Schlachthalle bezog. Wenn's ein bisschen lauter sein darf, dann ist das Substage die erste Adresse. Die wirklich guten und international angesagten Bands waren hier alle schon zu Gast. Und wie man eine richtige Party feiert, weiß man auch. Zum Angebot des Livemusik-Clubs gehören darüber hinaus Workshops und die Unterstützung bei CD-Eigenproduktionen – eine Arbeit, die auch von nationalen und internationalen Rockgrößen gewürdigt wird. Auf Tourneen legen sie im Substage öfter einen Zwischenstopp ein.

Von Jazz bis Punkrock

Superlative sind im Alten Schlachthof in geballter Form zu finden. Ein Highlight für Jazzfans sind die Sessions des **Jazzclub Karlsruhe e. V.** in der Kneipe **Im Schlachthof** 1. Seit mehr als 30 Jahren ist der Club der Veranstalter anspruchsvoller Konzerte und wird in der Jazzszene als führende deutsche Adresse gehandelt.

Gleich nach der Stilllegung des Schlachtbetriebs öffnete die Punkrock-Kneipe **Alte Hackerei** 3 ihre Tore. Mittlerweile ist sie zu einer festen Institution für alle hartgesottenen Nachtschwärmer geworden.

Der Alte Schlachthof bietet dem Besucher eine breite Palette an Kunst- und Kultureinrichtungen sowie Szenekneipen und ständig kommen neue Adressen hinzu. Es bleibt spannend im Kreativpark Karlsruhe!

Infos und Öffnungszeiten

Alter Schlachthof – Kreativpark Karlsruhe: Durlacher Allee 62, www.alterschlachthof-karlsruhe.de
Kulturzentrum Tollhaus [1]: Schlachthausstr. 1, Tel. 0721 96 40 50, www.tollhaus-karlsruhe.de, außer im Aug. nahezu tgl. Programm ab 20 Uhr, 1 x im Monat Tanzab – die erwachsene Disco für die nicht mehr ganz Jungen
Hochschule für Musik [1]: Am Schloss Gottesaue 7, www.hfm-karlsruhe.de
Substage [2]: Durlacherallee 62, Alte Schlachthalle, Tel. 0721 37 72 74, www.substage.de
Jazzclub Karlsruhe e. V. [1]: Durlacher Allee 64, Im Schlachthof, Tel. 0721 17 02 95 73, www.jazzclub.de, Konzerte meist Mo, Do ab 20.30 Uhr, Eintritt für Mitglieder günstiger
Alte Hackerei [3]: Durlacher Allee 62, www.altehackerei.de, Mi, Do 20–2, Fr, Sa 20–5 Uhr, So bei Events geöffnet

Essen und Trinken

Sollen nicht nur die Ohren, sondern auch der Magen auf seine Kosten kommen, ist man **Im Schlachthof** [1] (Durlacher Allee 64, Tel. 0721 664 90 00, www.imschlachthof.de, Mo–Sa 17–24 Uhr, ab 4,90) bestens aufgehoben. Regelmäßig finden in Kooperation mit dem Karlsruher Kammertheater Abende mit Kleinkunst und Buffet statt. Dann lautet die Devise: Mit allen Sinnen genießen. Wer den Abend gerne mit einem Gläschen Wein beschließt, der ist in der **Weinbar Aurum** [4] (Schlachthausstr. 1 b, Tel. 0721 66 49 97 45, www.aurum-weinbar.de, Mo 17–22, Di–Do 17–24, Fr, Sa 17–1 Uhr) genau richtig. Viel Wert wird hier auf die Tropfen regionaler Weingüter gelegt. Genau der passende Ausklang nach einem Besuch im Tollhaus.

Für Partygänger

Im Substage gibt es in Kooperation mit der Neuen Welle immer wieder sogenannte **80er-Nächte.** Der regionale Rundfunksender bietet Musik aus den letzten vier Jahrzehnten, legt dabei den Schwerpunkt aber insbesondere auf die 1980er-Jahre.

Kunst und Gewerbe

Neben Konzerthallen, Clubs und Kneipen haben sich auch Kunstschaffende im Alten Schlachthof angesiedelt. Der **Kunstgenerator** [2] (www.kunstgenerator-schlachthof.de), eine Initiative von vier Karlsruher Künstlerinnen und Künstlern, setzt sich für die Schaffung von Ateliers auf dem Gelände ein. Auch Handwerksbetriebe, beispielsweise die **Pianowerkstatt** [1] (Gunther Knorre, Tel. 0172 602 65 19) oder die Rösterei **Espresso Tostino** [2] (Durlacher Allee 62, Tel. 0173 942 51 66) sind auf dem Gelände zu finden. In der Rösterei entstehen köstliche Kaffeemischungen in ökofairer Qualität, die die espresso stazione (Kreuzstr. 17, Tel. 0721 203 03 97, www.espresso-stazione.de, Mo 12–19, Di–Fr 8–19, Sa 11–17 Uhr) vertreibt.

14 | Eine eigene kleine Welt – Durlach

Karte: ▶ Karte 3 | **Anfahrt:** Tram 1, 8, H Schlossplatz

Das kleine, im Mittelalter gegründete Städtchen am Fuß des Turmbergs wuchs im 16. Jh. zur Residenz von Baden-Durlach heran. In vielen der schmalen und verwinkelten Gässchen sind noch heute die Spuren der ersten Stadtanlage und des höfischen Lebens zu entdecken. Als 1715 Markgraf Karl Wilhelm beschloss, die neue Residenz Karlsruhe zu errichten, verlor Durlach zwar den Hof, einen Teil des Adels und seine politische Bedeutung, aber beharrte auf seiner Eigenständigkeit. Noch heute ist man stolz trotz der Eingemeindung zur Tochter ein eigenes städtisches Leben bewahrt zu haben.

Zum Ende des 12. Jh. wurde im Wesentlichen auf der Gemarkung des Dorfes Grötzingen unterhalb des Turmbergs die Stadt Durlach gegründet. Die ehemalige befestigte Anlage lässt sich mit einem Blick auf den Stadtplan noch heute einwandfrei erkennen. Ein ovaler Straßenzug zeichnet den Verlauf der ersten mittelalterlichen Stadtbefestigung nach.

Von der mittelalterlichen Stadt zur Residenz

Außerhalb der ersten mittelalterlichen Stadtmauer entstand im 16. Jh. das höfische Zentrum. Vom ersten Residenzschloss der **Karlsburg** **1**, die sich Markgraf Karl II. vor seinem Umzug 1565 aus Pforzheim errichten ließ, ist nur ein kleines Teilstück erhalten geblieben.

Als 1689 während des Pfälzer Erbfolgekrieges die Franzosen plündernd und brandschatzend durch Baden zogen, zerstörten sie auch die Residenz samt des Regierungssitzes fast gänzlich. Der Wiederaufbau war nur teilweise vollendet, als sich Markgraf Karl Wilhelm entschloss, Durlach zu verlassen und mit der Gründung Karlsruhes ein neues Zentrum anzulegen.

Nach aufwendigen Renovierungen zwischen 1973 und 1988 beherbergt die Karlsburg heute verschiedene Institutionen und ist für die Öffentlichkeit zugänglich. Neben dem **Standesamt** und Räumen für die **Volkshochschule** befinden sich hier auch zwei Museen. Das **Karpatendeutsche Museum** widmet sich der Kultur der Slowakei. Das **Pfinzgaumuseum** beleuchtet die wechselvolle Geschichte der Stadt von der Gründung bis heute. Für Kinder wurde ein eigener Raum eingerichtet, in dem sie die Historie spielerisch nachvollziehen können.

Bummel durch die alten Gassen

Die Nordseite des Schlossplatzes wird von der **Pfinztalstraße** gesäumt, der Haupteinkaufsstraße Durlachs, durch die auch die Straßenbahn fährt. Doch vor dem Shopping steht ein kleiner Stadtspaziergang auf dem Programm.

Die Häuser in der **Jägerstraße** 2 stammen zum größten Teil aus dem 18. Jh. Nicht nur ihre Erbauungszeit, sondern auch das Gewerk ihrer ursprünglichen Besitzer lässt sich noch in vielen Fällen an den Schlusssteinen der Torbögen erkennen. Ein schöner Zeitvertreib für all jene, die hier mit Kindern einen Spaziergang machen.

Die Jägerstraße mündet in die **Ochsentorstraße**, die nach dem nördlichen Stadttor der größeren zweiten Stadtbefestigung benannt ist. Auch das renommierte Hotel und Restaurant **Zum Ochsen** 1 (s. S. 96) nimmt im Namen Bezug auf das Ochsentor.

Rechter Hand zweigt das Gässchen **An der Stadtmauer** 3 ab. Einst lebten hier die Armen und Tagelöhner. Ihre einfachen Häuser waren ohne Garten

direkt an die Stadtmauer angebaut. Was die Hausbewohner zu entsorgen hatten, gossen sie in ein Rinnsal an der Straße. Heute zeigen die kleinen Einfamilienhäuser noch die Bögen der ehemaligen Mauer. Das große Gebäude zur Linken war das Schlachthaus, dessen Gestank die bessere Gesellschaft ebenso mied wie die hier lebenden Menschen. Nach einer kleinen Biegung gelangt man in die Zunftstraße, einen Teil des historischen Rings der Altstadt. Eine Terrasse mit zahlreichen Außenplätzen macht hier auf das **Mediterrané** 2 aufmerksam. Mit seiner leichten Küche und den frischen Weinen eignet es sich bestens für ein Mittagspäuschen oder später für einen abendlichen Ausklang.

Im Zentrum der Bürgerstadt

Geschichte zum Anfassen hält nur wenige Meter weiter der **Durlacher Marktplatz** 1 bereit. Noch heute gibt sich der Platz vor dem Rathaus als Zentrum der Bürgerstadt. An den Wochentagen – besonders am Samstag – beleben die Marktleute aus der Umgebung, die hier ihre frischen, oft auch biologischen, Waren anbieten, den Platz. Rings herum kann man in Cafés Platz nehmen, staunend dem Treiben zusehen und den lieben Gott einen guten Mann sein lassen.

Über allem wacht auf dem Balkon des barocken **Rathauses** 4 Markgraf Karl II., den die Durlacher liebevoll ›d'Karle mit de Tasch‹ nennen. Er bekam diesen Spitznamen, weil er der Geschichte nach den Verwaltern so wenig traute, dass er die Bauleute seines Schlosses immer direkt aus der mitgeführten Tasche bezahlte.

Die **Kirche** 5 an der Südseite des Platzes erzählt, wie so oft, eine kriegerische Geschichte von Zerstörung und Wiederaufbau. Ihre Wurzeln reichen bis

Übrigens: An den Hängen des Turmbergs baute man schon im Mittelalter Weinreben an. Wenn der Weinbau auch nicht immer in großem Ausmaß betrieben wurde, so entstehen im **Staatsweingut Durlach** 5 heute dennoch beste Burgundersorten und ein herrlicher Riesling. Ein Besuch lohnt sich auf jeden Fall.

ins 13. Jh. zurück, wenn auch weite Teile erst vor rund 300 Jahren erbaut wurden.

Theater in der alten Fabrik

Wer etwas Zeit mitgebracht hat, kann einen Bummel über die angrenzende Pfinztalstraße unternehmen. Der kleine, liebevoll geführte Buchladen **Der Rabe** 2 gleich gegenüber vom Rathaus zeichnet sich durch eine erstklassige Beratung aus.

Weitere Lädchen befinden sich in der **Amthausstraße.** Das **Ecco** 3 an der Ecke zur Bäderstraße hält vom kleinen Salzstreuer bis zur Tischdecke alles für ein erlesenes Wohnambiente bereit. Und wer sich für besondere Papiere erwärmen kann, erhält hier eine gute Auswahl an herrlichen Büttenpapieren. Alle Handarbeitfans und Wollmäuse sollten sich bei **Machart** 4 umsehen. In dem gut sortierten Handarbeitsgeschäft kann man unter Anleitung auch gerne schon mal die eine oder andere Reihe für ein neues Strickmuster ausprobieren. **Eva Nirk** bietet im selben Haus handwerklich gefertigte Lederwaren wie Gürtel, Taschen und Schreibunterlagen. Die Sattlermeisterin weiß fast alles über Leder und kann die tollsten Muster aus ihrem Fundus holen.

Knapp 30 m weiter öffnet sich auf der östlichen Straßenseite die Häuserfront zu einem kleinen Durchgang, der zur **Orgelfabrik** 1 führt. Bis ins 20. Jh. hinein wurden auf dem weitläufigen Gelände Orgeln gebaut und in aller Herren Länder vertrieben. In den 1980er-Jahren drohte der denkmalgeschützten Fabrik der Abriss. Großer Protest der Karlsruher Kulturszene trug aber zur Rettung bei. Dann gab es Planungen, in der Fabrik für den in Karlsruhe lebenden Künstler und Kunstlehrer Markus Lüpertz ein Atelier einzurichten. Engagierte Kulturfreunde aus Durlach und Karlsruhe setzten hingegen die öffentliche kulturelle Nutzung des schönen Bauwerks durch.

Der Orgelfabrikverein und die Stadt haben hier einen Veranstaltungsraum für Theater, Kleinkunst, Lesungen, Ausstellungen, Chansonabende und Klassikkonzerte geschaffen, der seit vielen Jahren zur festen Instanz der Kunstszene in Karlsruhe und natürlich in Durlach zählt. Die Orgelfabrik ist auch fester Spielort der Kabarettgruppe **Die Spiegelfechter,** die mit einem fantastischen Kleinkunstprogramm aufwarten.

Durch den Hof hindurch, vorbei an einem modernen Einkaufszentrum und dem Weiherhofbad, erreicht man wieder die Karlsburg.

Über den Dächern des Städtchens und der Stadt

Einen Blick über Durlach und das gesamte Stadtgebiet Karlsruhes bis an den Rhein und die Ausläufer des Pfälzer Waldes kann man bei klarem Wetter von der Aussichtsplattform des **Turmbergs** 6 genießen.

Der kleine Hausberg Durlachs war bereits im Mittelalter besiedelt, wovon noch die Ruine der ehemaligen Burganlage erzählt. Wer nicht mühsam über die mehr als 500 Stufen von der Posseltstraße aus auf den Turmberg klettern möchte, nutzt am besten die älteste **Standseilbahn** Deutschlands. In nur drei Minuten befördert sie Fahrgäste von der **Turmberg Talstation** 1 auf den Gipfel. Ebenso genussvoll wie die Aussicht vom Turmberg ist ein Besuch von **Anders auf dem Turmberg** 3 (s. S. 96).

Infos und Öffnungszeiten

Karpatendeutsches Museum 1: Pfinztalstr. 9, Karlsburg, www.karpaten deutsche.de, Sa 14–17, So 10–17 Uhr, Eintritt frei

Pfinzgaumuseum 1: Pfinztalstr. 9, Karlsburg, Tel. 0721 133 42 17, www. karlsruhe.de/b1/stadtgeschichte/ pfinzgaumuseum, Sa 14–17, So 10–17 Uhr, Eintritt frei

Mediterrané 2: Zunftstr. 5, Tel. 0721 941 60 61, www.mediterrane selektion.de, Mo–Sa 11.30–14.30 und ab 18 Uhr, ab 16,90 €

Der Rabe 2: Pfinztalstr. 60, Tel. 0721 940 01 40, www.rabebuch.de, Mo–Fr 9–18.30, Sa 9–14 Uhr

Ecco 3: Amthausstr. 9, Tel. 0721 49 31 07, www.ecco-durlach.de, Mo–Fr 9.30–13, 14.30–18.30, Sa 9.30–14 Uhr

MachArt Wolle und mehr 4: Amthausstr. 2, Tel. 0721 40 53 10, www.machart-durlach.de, Mo–Sa 10–13, Mo, Di, Do, Fr 13.30–18.30 Uhr

Eva Nirk Lederarbeiten 4: Amthausstr. 2, Mo–Fr 10–13 Uhr

Orgelfabrik 1: Amthausstr. 17–19, Tel. 0721 428 98, www.orgelfabrik-verein.de

Die Spiegelfechter 1: Kartenvorbestellung Tel. 0721 476 27 16, www.die-spiegelfechter.de

Turmbergbahn Talstation 1: Bergbahnstr., Tel. 0721 61 07 58 85, www.kvv.de/freizeit/freizeitbahnen/ turmbergbahn.html, Nov.–März Sa, So 10–18, April–Nov. tgl. 10–20 Uhr, einfache Fahrt 1,70 € bzw. 1 €, Berg- und Talfahrt 2,50 € bzw. 1,60 €

Staatsweingut Durlach 5: Posseltstr. 19, Tel. 0721 940 57-0, www.turmbergwein.de, Weinverkauf Mo, Mi, Fr 08.30–12.30, Di, Do 15–19, jeden ersten Sa im Monat 10–14 Uhr

15 | Vom Dammerstock zum Rhein – Radtour an der Alb

Karte: ▶ A–E 4–8 | **Anfahrt:** S1/11, H Dammerstock

In der Geburtsstadt und Heimat von Karl Friedrich Freiherr Drais von Sauerbronn, dem Erfinder der Draisine, ist eine Erkundung der Stadt und ihrer Umgebung per Fahrrad Ehrensache. Die große Zahl an Radwegen und Radstraßen ermöglichen es, selbst in der Innenstadt gefahrlos auf zwei Rädern unterwegs zu sein. Die Alb, der kleine Flusslauf im Süden Karlsruhes, lädt besonders an einem Sommertag zu einer Spazierfahrt ein.

Bei einer Radtour entlang der Alb südlich von Karlsruhe kann man nicht nur zahlreiche Entdeckungen machen, sondern hat auch mehrfach die Gelegenheit für ein Picknick oder im Sommer für ein Bad. So lässt sich die nur 7 km lange Strecke zwischen Dammerstock und dem Rheinhafen zu einem Halbtages- oder gar Tagesausflug ausdehnen. Fast immer geht es über Radwege bzw. gemischte Rad- und Fußwege, die mit grünen Hinweisschildern gut gekennzeichnet sind.

Funktionales Bauen am Stadtrand

Für die Bebauung des Albufers südlich des neuen Karlsruher Hauptbahnhofs schrieb die Stadt Karlsruhe 1928 einen Wettbewerb aus, an dem hochkarätige Architekten wie Walter Gropius, Otto Haesler oder Wilhelm Riphahn teilnahmen. Gropius gewann und übernahm die Projektleitung, Haesler und andere beteiligten sich mit Entwürfen. So entstand bis 1929 **Dammerstock** **1**, eine im Gedanken des Neuen Bauens angelegte Mustersiedlung. Das Konzept sah eine hohe Dichte an Wohnungen mit einer funktionalen Ausstattung vor, die eigens für die beengten Räumlichkeiten entworfen wurden. Den Eingang zur Siedlung bildet heute wieder der originale **Infopavillon** (Danziger Str. 2) der Erstbebauung.

Mit dem Rad geht es auf der Nürnberger Straße mitten durch das Wohngebiet hinunter zur Alb, über den Fluss hinweg und dann auf der Straße namens Links der Alb an der **Weiherfeld Siedlung** vorbei Richtung Stadtzentrum. Mittels der Neckarstraße und Weiherfeldstraße gelingt eine gefahrfreie Überquerung der Südtangente und der Bahngleise. In **Beiertheim** erreicht man schließlich nach der Unterführung auf Höhe des **Stephanienbads** [2] den Radweg an den Albufern.

Karlsruhes grüne Lunge
Der Alb-Radweg führt vorbei an **Bulach** und in die grüne **Günther-Klotz-Anlage** [1], die sich weit nach Westen erstreckt. Das zentrale Naherholungsgebiet der Karlsruher hat jedem Alter etwas zu bieten. Gleich am östlichen Rand trifft man auf die überregional bekannte **Europahalle** [1] (erbaut 1983, erweitert 1995), in der bis zu 9000 Besucher bei Konzerten und sportlichen Großereignissen Platz finden. Das 2008 fertiggestellte **Europabad** [2] ist ein Erlebnisbad für die ganze Familie mit Rutschen, Wasserstrudeln, großem Saunabereich und vielem mehr. Beide Hallen sind natürlich auch mit dem Auto anzufahren, große Parkplätze stehen seitlich zur Verfügung.

Die Tour folgt dem breiten Fuß- und Radweg oberhalb des Albufers und entlang des **Mount Klotz,** einem kleinen Hügel, den die Kinder im Winter zum Rodeln nutzen. Im Sommer wird hier auf großen Bühnen **Das Fest** ausgerichtet, *das* Musikereignis im Karslruher Veranstaltungskalender.

Unterhalb des Hügels direkt am Wasser gibt es eine **Erlebnisstrecke** für alle Sinne, die nicht nur den Kleinen Spaß macht. Wer nun eine Auszeit

Übrigens: Die **Alb** entspringt im Nordschwarzwald im Landkreis Calw südlich von Bad Herrenalb und mündet bei Eggenstein-Leopoldshafen in den Rhein. Von den ca. 51 Flusskilometern verlaufen allein 24 km ab dem Stadtteil Rüppurr durch Karlsruher Stadtgebiet. Im Stadtgebiet blieben nur bei Daxlanden ca. 500 m ursprünglicher Flusslauf erhalten. Daher begann man Mitte der 1980er-Jahre mit der Renaturierung der Alb. Ziel ist es, der Pflanzen- und Tierwelt wieder mehr Raum zu geben und auf diese Weise die Artenvielfalt zu bereichern. Unter anderem sorgte man dafür, dass durch Programme wie »Lachs 2000« der Fluss für Fische mittels Fischtreppen wieder durchgängig gemacht wurde.

braucht, fährt vorbei an zwei großen Kinderspielplätzen mit Kletterspinnen, Wasseranlage und jeder Menge Spielerei zum Biergarten des **Brauhauses Kühler Krug** [1].

Renaturierung und Naturschutz
Der Radweg verläuft weiter an den Wohnhäusern **Mühlburgs** vorbei bis nach **Grünwinkel.** Die flachen Uferstellen und die Flussschleifen lassen die 2008 fertiggestellte **Renaturierungsmaßnahme** [3] erkennen. Zahlreiche Schautafeln informieren im Detail über die Geschichte der Alb und über Flora und Fauna im und am Wasser.

Am Rand der Gemarkung Daxlanden kann man die Alb verlassen und links der Daxlander Straße und der Hermann-Schneider-Allee hinaus ins **Naturschutzzentrum Rappenwört** [4] folgen (ca. 3 km). In dem kleinen Informations- und Ausstellungshaus wird anhand von Schautafeln und Modellen

Kurze Pause am Rheinhafen

die Entstehung und Entwicklung des Rheins dargestellt. Im Kinder-Erlebnisraum lernen die jüngeren Besucher die Natur zu verstehen. Sonderausstellungen runden das Programm ab. Jederzeit kann man Wildschweine, Hirsche und verschiedenes Damwild in den Wildgehegen beobachten oder auf einem 2,5 km langen Entdeckerpfad den Wald durchstreifen. Ein Erlebnis drinnen und draußen und bei jedem Wetter! Die Homepage informiert über weitere spannende Naturprogramme für Groß und Klein.

Vom Naturschutzzentrum ist es nur knapp 1 km bis an den Rhein und zum **Rheinstrandbad Rappenwört** 3 . Im Naturbecken am Rhein wird zwar schon lange nicht mehr gebadet, aber vier Schwimmbecken bieten Abwechslung. Das landschaftlich sehr schön gelegene, 75 Jahre alte Bad gehört zu den Wochenendzielen vieler Karlsruher.

Binnenhafen mit großer Bedeutung

Wen die Technik mehr lockt als die Natur, radelt an Daxlanden vorbei, weiter über die Rheinhafenstraße, vorbei am **Sonnenbad (Rheinhafenbad)** 4 , das wegen des beheizbaren 50-m-Beckens und der langen Saison von Frühling bis in den späten Herbst viele Freunde hat, und dem **Elektrizitätswerk** 5 ins **Hafenbecken II** 6 .

Der 1901 am westlichen Rand der Stadt eröffnete Rheinhafen ist mit 6,3 Mio. t Warenumschlag jährlich einer der bedeutenden deutschen Binnenhäfen. Die Hafenbecken säumen zahlreiche historische Werks- und Industriebauten. Spannend zu sehen ist auch das große **Sperrtor** 7 , das seit 1988 bei Hochwasser das Hafengelände schützt. Informativ und zugleich erholsam ist eine Rundfahrt mit der **MS Karlsruhe** 5 (s. S. 24).

Infos und Öffnungszeiten

Radtour: Länge ca. 7 km, zum Startpunkt kann man das Rad in der Bahn mitnehmen; **Radverleih:** s. S. 24
Europahalle 1: Hermann-Veit-Str. 7, www.messe-karlsruhe.de/messe_karlsruhe/veranstaltungsorte
Europabad 2: Hermann-Veit-Str. 5, Tel. 0721 16 02 24 00, www.ka-europabad.de, Mo–Sa 10–23, So 10–21, Frühschwimmer Di, Do 6.30–9.30 Uhr (nur Teilbereiche zugänglich), 2 Std. 8 €, Tageskarte 15 €
Brauhaus Kühler Krug 1: Wilhelm-Baur-Str. 3a, Tel. 0721 831 64 16, www.brauhaus-karlsruhe.com, Mo–Do 11–24, Fr, Sa 11–1, So 10–23 Uhr, kleine Gerichte ab 3,90 €
Naturschutzzentrum Rappenwört 4: Hermann-Schneider-Allee 47, Tel. 0721 95 04 70, www.nazka.de, April–Sept. Di–Fr 12–18, So 11–18, Okt.–März Di–Fr 12–17, So 11–17 Uhr
Rheinstrandbad Rappenwört 3: Hermann-Schneider-Allee 50–54, www.ka-baeder.de/rappenwoertbad, Mai–Sept. 9–20 Uhr, Eintritt 3,80 €
Sonnenbad 4: Honsellstr. 39, Rheinhafen, www.ka-baeder.de/sonnenbad, Feb.–Nov., 9–20, Di, Do bis 22 Uhr, Eintritt 3,80 €

Landschaftspark Rhein 6

Nur 2 km nördlich des Rheinhafens entsteht ein großartiges Naherholungsgebiet, das heute schon mit dem Hofgut Maxau, herrlichen Rheinterrassen und Abenteuerspielplatz zum Entspannen, Toben und Spazierengehen einlädt.

Für Wasserfreunde

Im Kanu kann man die Natur an Alb oder Altrhein hautnah erleben (www.zipteam.de/kanuverleih.phtml oder www.paddelfritz.de).

Für Musikliebhaber

Das **Stephanienbad** 2 wurde 1811 von Friedrich Weinbrenner als Promenadenhaus errichtet. Hier fanden gesellschaftliche Nachmittage, Konzerte, und Tanzveranstaltungen statt. In der nahe gelegenen Alb und in Wannenbädern am Ufer konnte man baden. Auch der Großherzog soll einmal zu Gast gewesen sein. Seit der Verlegung der Alb zugunsten der Bahngleise Anfang des 20. Jh. wird das Gebäude als Kirche genutzt. Hin und wieder finden im Rahmen der Reihe »Musikalisches Stephanienbad« Konzerte statt, bei der die herrliche Akustik des Innenraums zur Geltung kommt.

Noch mehr Karlsruhe

Bauwerke und Plätze

Großherzogliche Grabkapelle im Hardtwald ▶ H 1/2

Lärchenallee, Hardtwald, www.grab kapelle-karlsruhe.de, Buslinie 30, H Büchinger Allee, April–Okt. Do 11–14, Fr 14–17, Sa, So 13–17 Uhr; Besichtigung der Gruft nur im Rahmen von Führungen, Termine im Internet; weitere Führungen, die zugleich den Schloßgarten einbeziehen, bei stattreisen Karlsruhe Tel. 0721 161 36 85, www.stattreisen-karlsruhe.de

Die im Hardtwald am nordöstlichen Ende des Fasanengartens gelegene Großherzogliche Grabkapelle wurde Ende des 19. Jh. errichtet. Das mit romanischen und gotischen Elementen versehene Gebäude ist eine Grabstätte für 18 Angehörige des badischen Herrscherhauses.

Kleine Kirche ▶ Karte 2, F 4

Ecke Kaiserstr./Kreuzstr., Stadtmitte, S 1/11, 2, 4/41, 5, Tram 1–5, H Marktplatz

Das in der zweiten Hälfte des 18. Jh. errichtete Gotteshaus gehört zu den ältesten Kirchen der Stadt. Es gilt als Symbol für die in Karlsruhe gepflegte religiöse Toleranz. Bei Gottesdiensten und Veranstaltungen stehen Randgruppen im Mittelpunkt. Es dient auch als beliebter Veranstaltungsort für kleine Kirchenkonzerte. An der Nordseite rechts erinnert eine Bodenplatte an alle Karlsruher Aids-Opfer.

Kongresszentrum Karlsruhe ▶ E/F 5/6

Festplatz, Südweststadt, www.messe-karlsruhe.de, S 1/11, 4/41, Tram 2, H Kongresszentrum

Der weitläufige **Festplatz** entstand in der zweiten Hälfte des 19. Jh. am Rand der Innenstadt. Heute versammeln sich um den Platz die Hallen des Kongresszentrums Karlsruhe. Die grüne Kulisse bildet der südlich anschließende Zoologische Stadtgarten.

Das älteste Gebäude am Platz ist das **Konzerthaus Karlsruhe,** das von den Architekten Curjel und Moser zwischen 1913 und 1915 im neoklassizistischen Stil erbaut wurde. Eine umfassende Restaurierung und Modernisierung in den Jahren 1993/94 stellte den im Zweiten Weltkrieg zerstörten Säulenportikus wieder her und verlieh dem Haus eine zeitgemäße Veranstaltungstechnik.

An der Nordseite des Platzes steht die neue **Stadthalle**. Das historische Gebäude hatte man abgerissen, lediglich seine Säulenhalle erhalten und 1985 in das Konzept des Neubaus integriert. Neben dem großen Brahmssaal, in dem regelmäßig Konzerte und Tagungen stattfinden, gibt es 20 weitere kleine Veranstaltungsräume.

Vis-à-vis entstand 1953 an der Stelle der im Zweiten Weltkrieg zerstörten Festhalle die **Schwarzwaldhalle.** Der Entwurf des Architekten Erich Schelling erregte damals internationales Interesse, denn er konzipierte erstmals in

Europa ein Gebäude mit einem freitragenden Hängedach aus Spannbeton. Das Mehrzweckgebäude bietet mit 73,5 m Länge und 48,5 m Breite etwa 3500 Menschen Platz. Seine eigentümliche Form hat ihm im Volksmund viele Spitznamen, wie Haifischmaul, Schuhbürste oder Sprungschanze, gebracht. Auch nach 50 Jahren wirkt das ovale Bauwerk, das 2000 den Status eines Kulturdenkmals erhielt, noch zeitlos modern und elegant. Die Hallenkonstruktion diente dem Zeltdach des Münchner Olympiastadions 1972 als Vorbild und Modell.

Ein kleiner Übergang verbindet die Schwarzwaldhalle mit der südlich benachbarten **Gartenhalle.** Die lichtdurchflutete Architektur am Südrand des Festplatzes ersetzte 1990 den Vorgängerbau von 1957.

Ludwigsplatz ► Karte 2, E 4
Stadtmitte, S 1/11, 2, 5, Tram 1–4, 6, H Europaplatz

Der geselligste Platz Karlsruhes – vor allem in den Monaten Mai bis Oktober, wenn die Cafés und Bars ihre Terrassen bewirten. Mit der Überwölbung des **Landgrabens,** der hier vorbeifloss, entstand die Platzanlage gegen 1820. Der **Brunnen** – es ist der letzte erhaltene von Friedrich Weinbrenner in der ganzen Stadt – wurde lange aus dem Landgraben gespeist. In den Nachkriegsjahren war der Ludwigsplatz ein gesichtsloser Parkplatz. 1975/76 wurde er zum Forschungsgegenstand einer Arbeitsgruppe aus Architekten, Bildhauern, Kunsthistorikern und anderen Wissenschaftlern. Ihren Auftrag, den Platz zu verschönern und die historische Randbebauung zur Geltung zu bringen, haben sie hervorragend gelöst. Seit 1976 feiern Anwohner und Besucher jährlich am letzten Augustwochenende das Ludwigsplatzfest.

Lutherkirche ► J 4
Durlacher Allee 23, Oststadt, Tram 1, 2, H Gottesauer Platz

Die Kirche zählt zu den bedeutenden Bauten der Jugendstilarchitekten Curjel und Moser. 1907 wurde der Zentralbau als markantes Gebäude am östlichen Stadteingang errichtet. Im Innern der evangelischen Kirche schufen die Baumeister nach den damaligen Vorgaben der Liturgie im Halbkreis um Altar, Kanzel und Orgelempore angelegte Sitzreihen. Die filigrane Gestaltung des Interieurs lässt noch heute die Zeit der Wende vom 19. zum 20. Jh. lebendig werden.

Postgalerie ► Karte 2, E 4
Kaiserstr. 217, Stadtmitte, S 1/11, 2, 5, Tram 1–4, 6, H Europaplatz

Der Name des 2001 eröffneten Shoppingcenters verweist auf die ursprüngliche Nutzung des neobarocken Prachtbaus als Reichspost-Telegrafengebäu-

Der **Landgraben** gehört nach wie vor zu den interessanten Bauwerken der Stadt. Der ursprünglich Ende des 16. Jh. zur Entwässerung des Gebiets um Schloss Gottesaue angelegte Graben wurde nach der Gründung Karlsruhes auch zum Transport des unverzichtbaren Baumaterials genutzt. Daher erhielt beispielsweise der Abschnitt vom Mendelssohnplatz bis in die Hebelstraße den Namen Steinkanal. Die Steinstraße an der Heinrich-Hübsch- und Carl-Hofer-Schule verweist noch immer darauf. Heute dient der Landgraben auf 10 km Länge als Hauptsammler von Regenwasser und Abwässern. In das 5,2 m auf 3,6 m große unterirdische Gewölbe kann man sogar nach Absprache hinabsteigen (Tel. 0721 133-74 41).

de, später als Karlsruher Hauptpost. Auf dem Europaplatz vor der Postgalerie erinnert das **Leibgrenadierdenkmal** (bis zum Ende der Tunnelarbeiten abgebaut) – ein schlanker Pfeiler mit dem badischen Wappentier des Greifs als Krone – daran, dass hier einst eine Infanteriekaserne stand. Die Kaserne war von Friedrich Weinbrenner errichtet worden, als die Markgrafschaft Baden zum Kurfürstentum avancierte und die Residenz Karlsruhe 1803 eine Garnison erhielt. Der Status als Garnisonsstadt endete mit dem Untergang des Deutschen Kaiserreichs nach dem Ersten Weltkrieg.

Vierordtbad ▶ F 5

Ettlinger Str. 4, Südweststadt, Tel. 0721 133 52 25, www.vierordtbad. info, S 1/11, 4/41, Tram 2, H Kongresszentrum, Mo 14–23, Di–Fr 10–23, Sa 10–22, So 10–20 Uhr, Mi bis 17 Uhr Frauentag, Tageskarte 14 €

Das Bad wurde von 1871 bis 1873 von Josef Durm im italienischen Renaissancestil errichtet und zählt heute noch aufgrund seiner schönen Fresken, die italienische Landschaftsbilder zeigen, zu den schönsten Gebäuden Karlsruhes. Zunächst diente es – ausgestattet mit Wannenbädern – einzig der Körperpflege, denn Ende des 19. Jh. mussten Mehrfamilienhäuser oft ohne Badezimmer auskommen. Ein Schwimmbecken erhielt das Bad erst 1900. Nach einer umfangreichen Renovierung vor wenigen Jahren wurde das Vierordtbad als attraktive Saunawelt mit Schwimmhalle wieder eröffnet.

Wald, Parks und Friedhöfe

Alter Friedhof ▶ H 4

Kapellenstr., Oststadt, S 4/41, 5, Tram 1,2,4,5 Durlacher Tor

Der Ludwigsplatz zählt zu den geselligsten Plätzen der Stadt

Nachdem der erste Friedhof der Stadt, auf dem heutigen Marktplatz zu eng geworden war, musste man Ende des 18. Jh. an den Rand der Stadt ausweichen. Von diesem ehemaligen neuen, aus heutiger Sicht alten Friedhof, der rund 100 Jahre lang in Betrieb war, sind noch die Kapelle, die Gruftenhalle und einige Grabmäler erhalten. Seit dem frühen 20. Jh. begann man sukzessive das Gelände in einen kleinen Park umzugestalten. Es entstand ein Miteinander aus Gedenken und Verweilen mit Bänken, Spiel- und Bolzplätzen.

Fasanengarten ▶ G 2
Stadtmitte, S 1/11, 2, 4/41, 5, Tram 1-5, H Marktplatz
Der östliche Teil des Schlossgartens erhielt seinen Namen von der Fasanenzucht, die bis 1866 in diesem Teil des fürstlichen Jagdreviers betrieben wurde. Noch vor der Stadtgründung 1711 legte man hier Gehege an und errichtete zudem kurz darauf ein erstes Jagdschlösschen. Schon zum Ende des 18. Jh. ersetzte man das Gebäude jedoch durch das Jagdschlösschen, heute Sitz des Forstlichen Bildungszentrums Karlsruhe, und ergänzte die beiden Teehäuser im japanischen Stil.

Hardtwald ▶ E–H 1/2
Stadtmitte, S 1/11, 2, 4/41, 5, Tram 1–5, H Marktplatz
Ausgehend vom Schlossgarten erschließen sich dem Spaziergänger und Radfahrer in nördlicher Richtung mehr als 16 km Waldgebiet. Das ehemalige Jagdrevier der Markgrafen ist seit Jahrhunderten die grüne Lunge der Stadt. Auf markierten Wanderwegen kann man den Wald durchkämmen. Abwechslung garantieren einige Waldspielplätze – der größte heißt **Wildparkstadion** und ist das Reich der Fußballer vom KSC und ihrer Fans.

Hauptfriedhof ▶ K 2
Haid-und-Neu-Str. 33, Oststadt, Infocenter Tel. 0721 782 09 33, S 2, Tram 4, 5, H Hauptfriedhof
Der Karlsruher Hauptfriedhof wurde 1874 eröffnet und gehört zu den ältesten Parkfriedhöfen Deutschlands. Nachdem auch die Ende des 18. Jh. an der Kapellenstraße angelegte Begräbnisstätte zu klein wurde, bekam der Architekt Josef Durm den Auftrag, im Nordosten der Stadt einen neuen großräumigen Friedhof zu schaffen. Inzwischen doppelt so groß wie ursprünglich geplant, dokumentiert er mit seinen Grabmalen, Gedenkstätten und Einzelabteilungen wichtige Kapitel der Stadtgeschichte.

So begegnet man z. B. am Durchgang zu den Kriegsopfergräbern dem Gedenkstein für Reinhold Frank. Der Karlsruher Rechtsanwalt und Widerstandskämpfer war nach einem fehlgeschlagenen Hitler-Attentat am 23. Januar 1945 hingerichtet worden. Unweit davon erinnert das Urnengrab des sozialdemokratischen Widerstandskämpfers Ludwig Marum an das erste prominente Nazi-Opfer in Karlsruhe.

Schöne Geschichten hingegen erzählen die zahlreichen Künstlergräber, die von und für Lehrer und Studenten der hiesigen Akademie entworfen wurden. Sehenswert ist auch der 2011 angelegte Rundgang »Aspekte« mit über 60 Ruhestätten, die von Bildhauern und Steinmetzen aus ganz Deutschland und der Schweiz künstlerisch gestaltet wurden.

Östlich des Haupteingangs liegen die beiden **jüdischen Friedhöfe** Karlsruhes. Der jüdisch-orthodoxe Friedhof ist nicht öffentlich zugänglich. Auf dem jüdisch-liberalen Friedhof wurde 2001 ein großer Gedenkstein für 986 von den Nationalsozialisten ermordeten Karlsruher Juden gesetzt.

Ausflüge

Im Nordosten von Karlsruhe ▶ Karte 4, D–F 1/2

Stadtauswärts auf der Durlacher Allee (B 10) stößt man auf das kleine Malerdörfchen **Grötzingen.** Über 1000 Jahre alt sind die ersten Urkunden, die von seiner Existenz berichten. Jüngsten Funden zufolge reicht seine Geschichte aber noch viel weiter zurück. Auch wenn die Kriege der letzten Jahrhunderte viel zerstört haben, kann der Besucher noch zahlreiche Spuren und Geschichten der Vergangenheit entdecken. Auf dem Rathausplatz startet ein **Historischer Rundgang** mit 39 informativen Schautafeln.

Das alte **Rathaus** ist ein wunderschöner Fachwerkbau aus dem 17. Jh. mit einem Bürgersaal, der die Künstler der hiesigen Kolonie vorstellt. Ende des 19. Jh. zog es die Maler, Professoren der Karlsruher Akademie der Bildenden Künste zum Arbeiten hinaus ins Grüne, in die freie Natur. Sie kamen mit ihren Familien nach Grötzingen und ließen sich im Schloss Augustenburg, einem ehemaligen Sommerhaus der Markgräfin Augusta Maria von Baden-Durlach, nieder. Etwa 15 Jahre lang bestand eine Gemeinschaft aus Künstlern und Künstlerinnen, die sich in ihrer Arbeit gegenseitig befruchteten und die hiesige Kunstszene bis heute prägen. Ihre Bilder im Rathaus erzählen ebenso vom gemeinsamen Leben und Arbeiten wie von Grötzingen und seinen Bewohnern.

Der vielschichtigen aktuellen Kunstszene gibt im Rathaus das **Kulturzimmer** eine Plattform. In einem historischen Nachbargebäude auf dem Platz entsteht zurzeit ein Kunsthaus. Nach dem Kunstgenuss lädt die **Weinstube Bundschuh** (Friedrichstr. 14, s. S. 100) in einem Haus von 1463 zum Genuss kulinarischer Köstlichkeiten ein.

Oder man fährt 10 km weiter nach **Weingarten,** um dem **Walkschen Haus** einen Besuch abzustatten. Hinter schönem Fachwerk aus dem Jahr 1703 kocht ein Zauberer. Dieser Eindruck entsteht bereits beim Blick in die Speisekarte. In den Monaten Mai und Juni empfiehlt sich ein Spargelgericht, denn die in Schwetzingen beginnende Badische Spargelstraße führt hier vorbei und der Spargel gehört zu den Spezialitäten des gesamten nordbadischen Raums.

Weiter auf der B 3 liegt linker Hand ein **Badesee,** der nach der Schlemmerei dem Kalorienabbau dienen könnte. Ebenso tauglich ist ein kurzer Spaziergang auf den **Michaelsberg** zur idyllisch gelegenen **Michaelskapelle.** Archäologen ist dieser schroff nach Westen abfallende Hügel bei **Untergrombach** ein Begriff: Hier wurden Ende des 19. Jh. jungsteinzeitliche Funde freigelegt, wovon das **Heimatmuseum** am Ort erzählt.

Kurz darauf ist **Bruchsal** mit einem sehenswerten **Barockschloss,** das den Badischen Markgrafen als Sommerresidenz diente, erreicht. Eine Art Residenz stellt auch das darin eingerichtete **Deutsche Musikautomaten-Museum** dar. Es gehört zum Badischen Landesmuseum Karlsruhe und ist nicht nur für musikhistorisch Interessierte ein besonderes Erlebnis.

Bei **Ubstadt-Weiher** locken mit dem **Hardtsee** und dem **Heidensee** zwei weitere schöne Badestellen. In **Stettfeld** sind im **Römermuseum** interessante Funde aus den 1980er-Jahren zu sehen.

Im Ort biegt die Unterdorfstraße rechts ab und führt über Zeutern und Odenheim nach **Tiefenbach.** Die Strecke erlaubt es, ein bisschen mit dem Liebreiz der Kraichgauer Hügellandschaft zu flirten. Wenn irgendwo in Deutschland ein paar Hügel in der Sonne liegen, sprechen die Werbeprospekte gleich von der »Deutschen Toskana«. Sollen sie doch! Wenn man in Tiefenbach an den Tischen des **Weingutes Heitlinger** in schönster Landschaft sitzt, erübrigen sich alle Vergleiche. Und

während andere einen Business-Flug buchen müssen, um Heitlinger Weine zu genießen, lässt sich der Besuch von Karlsruhe aus ganz unprätentiös auf dem Landweg erledigen. Schließlich braucht man für den direkten Weg mit dem Auto nur 30 Minuten. Wein und Führerschein – das alte Lied! Mit der Stadtbahn und dem Bus dauert es gerade mal eine Viertelstunde länger. Wer nicht auf den Bus warten möchte, spaziert durch die Weinberge von Odenheim nach Tiefenbach. Die letzte Bahn fährt um Mitternacht zurück nach Karlsruhe.

Den Rückweg mit dem Auto könnte man, so es die Uhrzeit erlaubt, auch über **Gondelsheim** (nordwestlich von Bretten) nehmen. Vor allem Freunde des besonderen Biers werden diesen Umweg nicht bereuen. Denn im musealen **Gasthaus Löwentor,** einer Mischung aus Burg und uraltem Fachwerkbau, werden alle möglichen Sorten belgisches Bier ausgeschenkt. Auch auf

Schloss Bruchsal ist ein Ausflugsziel für die Liebhaber barocker Baukunst

Der Asamsaal ist der beeindruckendste Raum des Ettlinger Schlosses

der Speisekarte stehen Spezialitäten aus Flandern im Vordergrund.

Informationen

Touristeninformation Weingarten: Marktplatz 2, im Rathaus, Zimmer 1, Tel. 07244 70 20 63, www.weingarten-baden.de. **Bruchsal:** Am Schloss 2, Tel. 07251 505 94 60, www.bruchsal.de. **Internet:** www.kraichgau.com.
Kulturzimmer: Grötzingen, Marktplatz 2, im Rathaus, info@kulturzimmer.de, Do, Sa 10–12 Uhr und nach Vereinbarung.
Deutsches Musikautomaten-Museum: Schloss Bruchsal, Tel. 07251 742 652, www.dmm-bruchsal.de, Di–So 10–17 Uhr, Führungen 11, 14, 15.30 Uhr, Eintritt 5 €, ermäßigt 2,50 €
Römermuseum: Marcellusplatz, Stettfeld, So 10–12, 14–17 Uhr, Eintritt 2 €, ermäßigt 1 €
Walksches Haus: Weingarten, Marktplatz 7, Tel. 07244 703 70, www.walksches-haus.de, Restaurant Di–Sa 18–24 Uhr, Hauptgerichte ab 22 €, im Bistro ab 6,90 €

Weingut Heitlinger: Am Mühlberg 3, Tiefenbach, Tel. 07259 911 217, www.weingut-heitlinger.de, Nov.–März Mi–Fr 17–21.30, Sa, So 11–14, 17–21.30, April–Okt. Mi–So 11–14, 17–21.30 Uhr, ab 16 €.
Gasthaus Löwentor: Bruchsaler Str. 4, Gondelsheim, Tel. 07252 28 80, tgl. 11–24 Uhr, Hauptgerichte ab 8,50 €.
Anfahrt: S 32 von Karlsruhe nach Odenheim, dort Bus 134 nach Tiefenbach.

Im Süden von Karlsruhe ▶ Karte 4, B–D 2–4

Bei diesem Ausflug gehören Krawatte und Jackett ebenso wie Badesachen ins leichte Handgepäck. Schlösser, ein weltberühmtes Spielcasino und die Thermen von Baden-Baden liegen auf der Strecke. Weder Autofahrer noch Nutzer öffentlicher Verkehrsmittel werden auf dieser Route vor Probleme gestellt. 46 km liegen zwischen dem Karlsruher Residenzschloss und dem Spielcasino in

Baden-Baden, die S-Bahn benötigt für die Strecke etwa eine halbe Stunde.

Ettlingen ► Karte 4, D 2

Kerzengerade verläuft die Strecke der S-Bahn auf ihrem Weg von Schloss zu Schloss. Vom Karlsruher Marktplatz dauert es bis zum Ausstieg an der Ettlinger Station Erbprinz etwa 20 Minuten. Dort steht man gleich vor zwei Schlössern. Die neuzeitliche Variante heißt **Hotel-Restaurant Erbprinz**. In dem Luxushotel mit großer Gäste-Ahnengalerie residieren königliche Hoheiten noch heute.

Gegenüber, im richtigen **Schloss,** finden seit 1979 jeden Sommer von Juni bis August die **Ettlinger Schlossfestspiele** statt. Die Geschichte des Schlosses reicht bis ins 13. Jh. zurück. Im Pfälzischen Erbfolgekrieg Ende des 17. Jh. zerstört, erhielt es beim Wiederaufbau im frühen 18. Jh. seine barocke Prägung. 1727 wählte Markgräfin Sibylla Augusta Ettlingen zu ihrem Witwensitz und beauftragte Hofbaumeister Johann Michael Rohrer mit dem Wiederaufbau. Heute ist das Schloss u. a. Sitz des **Albgaumuseums,** das die nahezu 2000jährige Geschichte der Stadt Ettlingen dokumentiert, sowie der **Städtischen Galerie,** die regionale Kunst von 1900 bis heute zeigt.

Vom Schloss aus führt die Marktstraße zum **Marktplatz,** an dem neben dem Rathaus einige schöne Fachwerkbauten stehen. Die kleine Gassenwelt mit der Bruch-, Winkel-, Schillingsgasse und der Schlabbegass machen den Stadtkern gemütlich und sehenswert. Wer mit öffentlichen Verkehrmitteln unterwegs ist, besteigt in der Stadt den Bus 105 zum Westbahnhof.

Rastatt ► Karte 4, B/C 3

Vom Bahnhof in Rastatt aus sind es nur ein paar Minuten Fußweg zum **Schloss**

Rastatt, der ältesten Barockresidenz am Oberrhein. Das zwischen 1700 und 1707 nach Versailler Vorbild errichtete Ensemble ist vollständig erhalten. Bauherr war Markgraf Ludwig Wilhelm von Baden, genannt der ›Türkenlouis‹. Von ihm und seinen siegreichen Schlachten gegen die Osmanen weiß das Badische Landesmuseum in Karlsruhe viel zu erzählen. Zu den Aufgaben des Architekten Domenico Egidio Rossi gehörte auch die Planung von Garten und Stadt. Sibylla Augusta, die nach dem Tod Ludwig Wilhelms 1707 die Regentschaft 20 Jahre führte, und ihre beiden später regierenden Söhne haben kaum Änderungen am Schloss vorgenommen. Mit dem Tod des letztregierenden Sohnes August Georg im Jahr 1771 starb das Haus Baden-Baden in der männlichen Linie aus, die Markgrafschaft fiel an Baden-Durlach und der Residenz Karlsruhe. So wurde das Rastatter Schloss bedeutungslos. Das glanzvolle Innere des Schlosses, in dem auch ein **Wehrgeschichtliches Museum** und eine **Erinnerungsstätte für die Freiheitsbewegungen der deutschen Geschichte** untergebracht sind, kann man im Rahmen von Führungen entdecken.

Wer sich im Frühsommer in der Stadt aufhält, kann Zeuge des größten deutschen **Straßentheater-Festivals** werden. Seit 1993 treffen sich hier im Mai oder Juni für fünf Tage jeweils mehr als 50 Ensembles, um aus den Straßen und Plätzen der Stadt eine bunte Bühne zu machen.

Außerhalb der Stadt mitten im Wald liegt das **Schloss Favorite.** Das Lustschloss beherbergt eine sehenswerte **Porzellansammlung.** In den Sommermonaten bildet das herrschaftliche Anwesen den romantischen Rahmen für die Konzertreihe **Festliche Serenaden.**

Ausflüge

Baden-Baden ▶ Karte 4, C 4

Da im Bahnhof der berühmten Kurstadt seit 1998 ein großes Festspielhaus residiert, steigen Reisende heute im Ortsteil Oos aus dem Zug. Von dort fährt Bus 201 bis zum Leopoldsplatz in die Innenstadt. Wer jetzt gleich die Badehose auspacken will, erreicht über die Sophienstraße das nahe gelegene Bäderviertel. Hier hat man die Qual der Wahl zwischen neuzeitlichem Luxus und historischem Flair. Die modernen **Caracalla-Thermen** locken als Badeparadies, das mit Sprudelbad, Saunalandschaft und Massageangeboten keine Wünsche offen lässt. Das gleich daneben gelegene **Friedrichsbad,** ein Prachtbau aus dem späten 19. Jh., ist außen wie innen eine Augenweide für Nostalgiker.

Nach dem Bade steht vielen Gästen der Sinn nach Kaffee, Tee oder Kakao. Eine berühmte Adresse, die einem da weiterhelfen kann, ist **Brenners Park-Hotel,** in fünf Gehminuten über die Lichtentaler Straße und den Augustaplatz zu erreichen. Schwellenangst ist unangebracht, wenn es darum geht, im Salon dieses Grandhotels in tiefen Polstern einen Kaffee und vor allem den unvergleichlich schönen Blick in die Lichtentaler Allee zu genießen.

So gestärkt, bietet sich ein kurzer Spaziergang durch die **Lichtentaler Allee** an, der man auch heute noch ohne Übertreibung das Prädikat ›Grüner Salon Europas‹ verleihen darf. Wir leben zwar nicht mehr im 19. Jh. und Baden-Baden ist auch nicht mehr der Treffpunkt von Kaisern und Königen, aber hier in den Grünanlagen, wo die Bäume schon Kaiser Wilhelm I. Schatten spendeten, wo ein munterer Bach plätschert und die Fassaden von Kunsthalle, Theater, Kurhaus und Trinkhalle Erhabenheit verströmen, bleibt moderne Betriebsamkeit außen vor.

Ein Boulevard aus Kolonnaden, von Weinbrenner 1818 als Holzbuden angelegt und von Carl Dernfeld 1867 in ihre heutige Gestalt gebracht, führt zum **Kurhaus.** Friedrich Weinbrenner hat ihm zwischen 1821 und 1824 seine heutige Form verliehen und damit viele Fotografengenerationen vor die Aufgabe gestellt, acht korinthische Säulen möglichst stimmungsvoll aufs Bild zu bringen. Hinter den Säulen wird seit 1824 gepflegte Konversation betrieben, vor allem aber verfolgen die Gäste gebannt den Lauf einer kleinen weißen Kugel. Roulette heißt das Spiel und das dazugehörige **Casino** wurde ab 1838 von Vater und Sohn Jean Jacques und Edouard Bénazet zum schönsten der Welt gemacht. Am Vormittag kann man sich davon bei ruhender Roulette-Kugel überzeugen. Stilvoll ist auch das Ambiente im KurhausRestaurant und im Casino-Restaurant Sommergarten.

Sollte das Glück beim Spiel ausbleiben, kann man es ja – sofern die Pferde dort gerade galoppieren – draußen vor den Toren von Baden-Baden in **Iffezheim** auf andere Weise herausfordern. Im Mai findet jährlich eine Woche lang das Frühjahrsmeeting statt, Ende August/Anfang September dann die Große Woche.

Neben dem Kurhaus erfüllt ein Großteil der historischen **Trinkhalle** heute den Zweck einer Touristinformation sowie einer Kartenvorverkaufsstelle. Der schöne Bau mit einer von Säulen getragenen Wandelhalle wurde von Heinrich Hübsch, Weinbrenners Nachfolger im Amt des Großherzoglichen Baudirektors, errichtet. Gegenüber wohnen die Gäste des **Europäischen Hofs** im Stammhaus der Steigenberger-Kette.

Vorbei am ebenfalls ehrwürdigen **Hotel Badischer Hof,** einem ehemaligen Kloster, führt der Weg über die Lange Straße zum **Festspielhaus** von

Baden-Baden. Die erste Entwicklungsphase des 1998 eingeweihten Musentempels stand unter keinem guten Stern. Kaum sechs Monate bespielt, drohte dem teuren Bau die Luft auszugehen. Intensivbeatmung und Rettung kamen in Person von Andreas Mölich-Zebhauser aus Frankfurt. Seit er Intendanz und Geschäftsführung übernommen hat, sprechen alle von dem guten Programm und niemand mehr von Pleite. Oper, Ballett, Konzert und Unterhaltung heißen die Programmsäulen. Der hohe Qualitätsanspruch, den man hier als Gast erwartet, wird konsequent verfolgt und umgesetzt. Besonders begehrt sind inzwischen die Karten für die jährlich stattfindenden Karajan-Pfingstfestspiele.

Um besondere Qualität geht es auch unterhalb des Neuen Schlosses im **Restaurant La Provence.** Im Kreuzgewölbe der alten Wein-Cantzley werden provenzalische Speisen in urgemütlichem Ambiente auf den Tisch gebracht. Hier treffen sich Gott und die Welt, um den Genuss hochleben zu lassen.

Informationen
Touristeninformation Ettlingen: Schloss Ettlingen, Tel. 07243 10 15 26, www.ettlingen.de. **Rastatt:** Herrenstr.

Die Carcalla-Thermen laden ein zum Baden und Entspannen

18, im Schloss, Tel. 07222 97 24 62, www.rastatt.de. **Baden-Baden:** In der Trinkhalle, Nähe Kurhaus, Tel. 07221 27 52 00, www.baden-baden.de.

Schloss Ettlingen: Schlossplatz 3, www.ettlingen.de, Schlossführungen Sa, So 16 Uhr; Sammlungen Mi–So 10–17 Uhr, Eintritt 2,50 €, ermäßigt 1,50 €.

Schloss Rastatt (Wehrgeschichtliches Museum, Erinnerungsstätte): Herrenstr. 18–20, www.schloss-rastatt.de, Führungen stdl. Di–So April–Okt. 10–16, Nov.–März 10–15 Uhr, Eintritt 6 €, ermäßigt 3 €.

Schloss Favorite: Am Schloss Favorite 5, Rastatt-Förch, www.schloss-favorite.de, Bus 241 ab Rastatt, H Pavillon, Infos zu den Konzerten Tel. 07222 93 41 70.

Kurhaus Baden-Baden: Kaiserallee 1, www.kurhauscasino.de; **Casino:** www.casino-baden-baden.de, Führung tgl. 9.30/10–12, 5 €, Spielbetrieb tgl. ab 14 Uhr, Automatenspiel ab 12 Uhr.

Festspielhaus Baden-Baden: Beim Alten Bahnhof 2, www.festspielhaus.de, Kassenöffnungszeiten Mo–Fr 10–18, Sa, So, Fei 10–14 Uhr, Tickethotline Tel. 07221 301 31 01.

Hotel Erbprinz: Rheinstr. 1, Ettlingen, www.erbprinz.de, DZ ab 175 €.

Brenners Park-Hotel & Spa: Schillerstr. 4–6, Baden-Baden, DZ ab 355 €

La Provence: Schlossstr. 20, Baden-Baden, Tel. 07221 25 55 02, tgl. 12–24 Uhr, kleine Gerichte ab 13 €.

Caracalla-Thermen und **Friedrichsbad:** Römerplatz 1, Baden-Baden, www.carasana.de, tgl. 8–22 Uhr, 2 Std. 14 €, 4 Std. 20 €.

Anfahrt: S 1, S 11 ab Karlsruhe, H Markplatz nach Ettlingen, H Erbprinz; S 31, S 32 ab Ettlingen Westbahnhof nach Bahnhof Rastatt ; S 4 ab Bahnhof Karlsruhe über Bahnhof Rastatt zum Bahnhof Baden-Baden.

Mit dem Rad ins Elsass
▶ Karte 4, A/B 1/2

Für Leute, die ihr Fahrrad nicht nur zum Brötchenholen benutzen, eignet sich ein Ausflug von Karlsruhe bzw. Rappenwört ins elsässische Weißenburg besonders gut. Vor allem wenn die Autofähre zwischen dem badischen Neuburgweier und dem pfälzischen Neuburg in Betrieb ist, macht die etwa 35 km lange Fahrt entlang Rhein und Lauter viel Spaß. Bei gemütlicher Fahrt braucht man dazu ungefähr zweieinhalb Stunden. Wenn die Personenfähre über den Rhein nicht verkehrt, lässt sich der Ausflug auch als kombinierte Bahn- und Radtour organisieren. Das Rad leiht man sich beispielsweise bei Mike's Bike. Dort gibt es auch entsprechendes Kartenmaterial.

Natürlich kann man die Tour auch mit dem Auto unternehmen. Nach dem Besuch des elsässischen Wissembourg empfiehlt es sich, durch das Deutsche Weintor in Schweigen-Rechtenbach auf der südlichen Weinstraße bis zur Kurstadt Bad Bergzabern fahren. Man braucht dabei viel Platz im Kofferraum, denn diesseits und jenseits der französischen Grenze gibt es zahlreiche gute Weine.

Lauterbourg ▶ Karte 4, B 2
Für den Weg aus Karlsruhe hinaus besteigt man an der Station Yorckstraße mit dem Rad die Tram 2 und fährt bis zur Endstation Rappenwört. Dort geht es über den Hochwasserdamm zur **Personenfähre.** In **Neuburg** ist der deutsch-französische Radwanderweg gut ausgeschildert. Auf dem idyllischen Pfad kommt man nach ein paar Kilometern entlang dem Rhein in den Hafen des französischen **Lauterbourg.**

Vor dem Restaurant **Au Bord du Rhin** stehen in der Regel viele Autos mit Karlsruher Kennzeichen. Auf der baumbestandenen Terrasse mit Rheinblick schmecken die elsässischen Spezialitäten ebenso lecker wie in der Gaststube. Das Restaurant hat eine Reihe guter Fischgerichte und eine sehr gute Bouillabaisse auf der Karte.

Die Alternative für den Genießer in Lauterbourg heißt **Au Vieux Moulin.** Schon viele Jahre werden hier an der Lauter französische und deutsche Gäste nicht nur mit zig Variationen an Flammkuchen, sondern auch mit anderen Leckereien aus dem Elsass verwöhnt. Eine große Terrasse und ein urgemütlicher Gastraum lassen die Einkehr in der Alten Mühle lang werden. Daher ist es ist ratsam, hier nochmals am Abend herzukommen.

Wissembourg ▶ Karte 4, A 1

Jetzt sind es noch 12 km bis zur elsässischen Kleinstadt Wissembourg (Weissenburg). An den Stadtmauern dieses hübschen Fleckens schlängeln sich die Lauter und ein idyllischer Spazierweg entlang. In der Stadt selbst verkehrt eine kleine Touristenbahn, die man aus Märchenparks kennt. Sie fährt durch historische Gassen, an Fachwerkgruppen und historischen Bürgerhäusern vorbei. Schon im späten Mittelalter markierte Weißenburg ein Zentrum des nordelsässischen Handels und wurde so für Raubritter wie Hans Trapp zum Objekt der Begierde. Vom Wasgau aus unternahm der Tunichtgut Ende des 15. Jh. Beutezüge ins Elsass, was dort einen so nachhaltigen Schrecken ausgelöst hat, dass Hans Trapp bis heute die nordelsässische Variante des uns bekannten Knecht Ruprecht darstellt.

Ein wenig nach ›Beutezug‹ sieht es auch aus, wenn man deutsche Ausflügler im **Supermarkt Atac** (Rue de Quatre Vents) beobachtet. In ihren Einkaufswagen türmen sich Käse, Flaschen

mit Edelzwicker und Fischdelikatessen. Wer original Elsässisches in die Satteltaschen stecken möchte, ohne damit großen Ballast zu verursachen, der sucht in der Haupteinkaufsstraße nach dem Geschäft **Au Petit Kougelhopf** (20, rue National). Der Name verrät schon, welches Nationalgebäck es hier in verschiedenen Variationen und Größen gibt, zudem immer frisch und sehr gut. Wunderschön für einen langen Abend, und daher für Radler nur bedingt empfehlenswert, ist das Feinschmeckerrestaurant **Au Moulin de la Walk.**

Zurück nach Karlsruhe kann man auch als Radfahrer mit der Regionalbahn in einer knappen Stunde fahren.

Informationen

Office de Tourisme: 9, place de la République, Wissembourg, Tel. +33 388 941011, www.ot-wissembourg.fr.

Au Bord du Rhin: 13, port du Rhin, Lauterbourg, www.restaurant-au-bord-du-rhin.com, Tel. +33 388 94 80 20, Mo–So 18–23, So ab 12 Uhr, Hauptgerichte ab 16 €.

Au Vieux Moulin: 5 a, rue du Moulin, Lauterbourg, Tel. +33 388 94 60 29, www.au-vieux-moulin.fr, So, Di–Fr 17.30–23, Sa, Mo 12–23 Uhr, Hauptgerichte ab 10 €.

Au Moulin de la Walk: 2, rue de la Walk, Wissembourg, Tel. +33 388 94 06 44, www.moulin-walk.com, Mo, Fr mittags, So abends geschl., Hauptgerichte ab 15 €.

Fähre: Tel. 0176 21 82 61 99, www.rheinfaehre-neuburg.de, Fährzeiten in der Regel März–Okt. Mi–So 10–18 Uhr, Sa, So nur bei schönem Wetter.

Bahn: Ab Karlsruher Marktplatz S 52 bis Wörth, dort Linie R 82 bis Lauterbourg; ab Wissembourg R 82 bis Winden, von dort R 8 nach Karlsruhe. **Radverleih:** s. S. 24.

Zu Gast in Karlsruhe

Karlsruhe ist von der Sonne verwöhnt, was man im Schlossgarten ebenso genießen kann wie in unzähligen Biergärten
und Straßencafés oder an den benachbarten Badeseen. Die
vom nahen Frankreich beeinflusste Gastronomie lässt Genie-
ßerherzen höher schlagen. Von bodenständig bis cool geben
sich die Kneipen und Clubs der Stadt. Kinos wie etwa der
Filmpalast am ZKM (s. Bild) und Theater bieten ein Programm von klassisch bis avantgardistisch. Nicht zuletzt sorgen die zahlreichen Studenten für ein vielseitiges und modernes Kultur- und Unterhaltungsangebot.

Übernachten

Hotelangebot in Karlsruhe

Die Gästestruktur Karlsruhes weist seit Langem einen hohen Anteil an Geschäftsreisenden auf. Der größte Anteil der knapp 1 Mio. Übernachtungen im Jahr entfällt auf Besucher von Messen, Kongressen und Firmen. Novotel, Queens und andere Businesshotels richten ihre Angebote vor allem an diese Klientel. Wer anspruchsvolle Hotelaufenthalte gerne mit Tradition und Lokalkolorit verbindet, liegt im Schlosshotel oder im Kaiserhof richtig. Beide gehören außerdem als erste Adressen zur Stadtgeschichte und bieten einwandfreie Leistungen zu fairen Preisen. Wer die im schönsten Sinne des Wortes »verrückte« Hotelwelt Kübler kennenlernt, nimmt keinen Schaden. Nachfolgend werden vor allem Hotels in der Innenstadt empfohlen. Familienbetrieben wie dem Berliner Hof kommt dabei besondere Aufmerksamkeit zu. Auch regionaltypische Häuser wie der Hoepfner Burghof fehlen nicht.

Leitsystem

Ein Leitsystem hilft Gästen, die mit dem Auto anreisen, Hotels zu finden. An den wichtigen innerstädtischen Kreuzungen, Knotenpunkten und Wegführungen sieht man grüne Hinweisschilder mit den Hotelnamen in weißer Schrift.

Camping

Wer mit dem Zelt oder im Wohnmobil unterwegs ist, findet stadtnah in Durlach den Platz **Azur Camping Turmbergblick** (■ **Karte 3, D 1,** Tiengener Str. 40, Tel. 0721 49 72 36, www.azur-camping.de, Tram 1, 2, H Durlach Turmberg, April–Okt., Erw. 6–9 €/Tag, Kinder 3–4,50 €, Stellplatz PKW 6–8,50 €). Der gut besuchte Platz verfügt u. a. über Wohnmobilstellplätze (inkl. Ver- und Entsorgungsmöglichkeiten), einen Imbiss, SB-Markt und Waschmaschinen.

Jugendherberge

Die sehr zentral am Schloss sowie an Spiel- und Waldflächen gelegene **Jugendherberge** (■ **E 2/3,** Moltkestr. 24, Stadtmitte, Tel. 0721 282 48, www.jugendherberge-karlsruhe.de, S1/11, 2, 5, Tram 1–4, 6, H Europaplatz) ist für Familien und Alleinreisende eine gute Alternative zu Hotels und Pensionen. Bis zu 167 Gäste nächtigen überwiegend in Vier-Bett-Zimmern, es gibt aber auch Zwei-Bett-Zimmer. Die Herberge bietet Halbpension und Vollpension an. Schließzeit ist um 24 Uhr. Pro Bett und Nacht inkl. Frühstück zahlen Gäste bis 26 Jahre für die erste Übernachtung 21,70 €, ab der zweiten Übernachtung 18,60 €. Ab 27 Jahre kostet es 25,70 €, bzw. 22,60 €. Die Mitgliedschaft im Deutschen Jugendherbergswerk oder einem ausländischen Jugendherbergsverband ist Voraussetzung für die Aufnahme in Jugendherbergen. Sie kann bei Ankunft in der Jugendherberge direkt erworben werden (Jahresbeitrag für Erwachsene: 20 €).

Günstig und nett

Mit Blick auf den Trubel – **Hotel am Markt:** ■ Karte 2, F 4, Kaiserstr. 76, Stadtmitte, Tel. 0721 91 99 80, www. hotelammarkt.de, S 1/11, 2, 4/41, 5, Tram 1–5, H Marktplatz, 37 Zimmer, DZ 99 €, am Wochenende 79 €. Ende der 1990er-Jahre wurde das sehr zentral gelegene Garni-Hotel mit Aufwand und Geschmack renoviert. Die Zimmer sind komfortabel ausgestattet.

Gepflegt – **Hotel Berliner Hof:** ■ Karte 2, E 3, Douglasstr. 7, Stadtmitte, Tel. 0721 182 80, www.hotel-berliner-hof.de, S 1/11, 2, 5, Tram 1–4, 6, H Europaplatz, 49 Zimmer, DZ 85–96 €, am Wochenende 80–85 €, Frühstück 9 €. Ein empfehlenswertes Garni mit geräumigen Zimmern im Stil der 1970er-Jahre. Es gibt auch rollstuhlgerechte Räume. Das Frühstück ist reichhaltig und gut. Die Sauna kann von 18 bis 23 Uhr kostenfrei genutzt werden.

Geräumig – **Hoepfner Burghof:** ■ J 3, Haid- und Neustr. 18, Oststadt, Tel. 0721 62 26 44, www.hoepfner-burghof.com, S 2, Tram 4, 5, H Hauptfriedhof, 32 Zimmer, DZ 106 €, am Wochenende 89 €. Die 32 Zimmer dieses burgähnlichen Dreisterne-Hotels sind sehr gemütlich eingerichtet und verfügen über Internetanschluss. Zu dem Haus am Stadtrand gehört ein Restaurant mit guter badischer Küche und ein großer Biergarten. Fahrräder können ausgeliehen werden.

Familiär – **Hotel Erbprinzenhof:** ■ Karte 2, E 4, Erbprinzenstr. 26, Stadtmitte, Tel. 0721 238 90 oder 0721 279 54, www.hotel-erbprinzenhof.de, 50 Zimmer, DZ ab 79 €, am Wochenende ab 69 €, S 1/11, 2, 5, Tram 1, 3, 4, H Herrenstr. Eines der wirklich günstigen und dabei sehr angenehmen Garnihotels in der Innenstadt. Von außen unauffällig, innen gepflegt. Von Familie Kehrwald seit den 1950er-Jahren mit viel Sinn für persönlichen Service geführt und bezüglich der Annehmlichkeiten immer wieder auf den zeitgemäßen Stand gebracht. Aufgrund der zentralen Lage vermissen die Gäste ein Restaurant im Haus nicht.

Auch für Motorradfreunde – **Hotel Greif:** ■ E 7, Ebertstr. 17, Südweststadt, Tel. 0721 355 40, www.hotel-greif-karlsruhe.de, Tram 2, 4, 6, H Ebertstr., 92 Zimmer, DZ 79–129 €, am Wochenende 72 €. Einziges ›Motorradfahrerhotel‹ in der Stadt. Abstellplätze und kleine Werkstatt für Motorräder sind vorhanden. Das bahnhofsnahe Garni ist in der Szene sehr beliebt.

Historisch – **Hotel Markgräfler Hof:** ■ J 4, Rudolfstr. 31/Ecke Durlacher Allee, Oststadt, Tel. 0721 62 76 86 00, www.hotel-markgraefler-hof.de, S 5, Tram 1, 2, H Gottesauer Platz, 22 Zimmer, DZ 85 €. Das familiengeführte Hotel-Garni aus der Zeit der Wende zum

Die Agentur **bed & breakfast Karlsruhe** (■ C/D 4) hat sich lange bewährt und arbeitet auch mit der Tourist-Information zusammen. Anfragen nach Privatzimmern können also auch an die Tourist-Information (s. S. 18) gerichtet werden. Der Blick ins Internet zeigt ein breites Angebot. Wenn die Häuser oft auch nicht direkt in der Innenstadt liegen, so haben sie aber in der Regel sehr gute Straßenbahnanbindung (Karin Gilliar-Ramel, Lessingstr. 25, Weststadt, Tel. 0721 831 64 20, www.bed-and-breakfast.de/karlsruhe, EZ 26–39, DZ 52–66 €.)

20. Jh. verfügt noch über hohe Altbauzimmer. Da es aber direkt an der Durlacher Allee liegt, muss man etwas auf Verkehrsgeräusche eingestellt sein.

Modern und elegant – **Hotel Rio:** ◼ **D 4,** Hans-Sachs-Str. 2, Weststadt, Tel. 0721 840 80, www.hotel-rio.de, S 1/11, 2, 5, Tram 1–3, 6, H Mühlburger Tor, 119 Zimmer, DZ ab 84 €, am Wochenende ab 77 €, Frühstück 6 €. Die Besitzer haben in den vergangenen Jahren viel in die Renovierung von Haupt- und Nebenhaus investiert. Das Ergebnis kann sich sehen lassen: Komfort und Modernität haben neben dem Mühlburger Tor Einzug gehalten. Die Klientel besteht großteils aus Geschäftskunden, weshalb die Wochenendpreise hier günstig ausfallen.

Stilvoll wohnen

Design, je nach Geschmack – **AAAA-Hotelwelt Kübler:** ◼ **Karte 2, D/E 3,** Stephanienstr. 38–40, Stadtmitte, Tel. 0721 14 40, www.hotel-kuebler.de, S 1/11, 4/41, Tram 2–4, 6, H Hauptbahnhof, 200 Zimmer, DZ 82–200 €, am Wochenende 65–200 €. Mitten in der Stadt bastelt der Hotelier, Gastronom, Baggerführer und Fantast Siegfried Weber an der Verwirklichung seines Traumes: eine Hotellandschaft, in der die Gäste aus dem Staunen nicht mehr herauskommen. So fügt Weber dem elterlichen und konventionellen Stammhaus Hotel Kübler im angrenzenden Park ein Panoptikum an Bauten hinzu. In großen Gebilden, die als Anleihen an Dalí und Gaudí interpretiert werden können, wohnt man in großen Köpfen, Zipfelmützen, weit geschwungenen Dachbändern, Türmen oder Fabelwesen. Es gäbe noch sehr viel zu erzählen zur Hotelwelt Kübler, die sich mit den vier ›A‹

am Anfang in allen Hotellisten ganz an die Spitze schmuggelt. Weber bekennt sich auch in dieser Frage zum Guerilla-Marketing und erklärt sein Projekt mit einem »Anders als alle Anderen«. Wer will da schon widersprechen?

Beim Zoo – **Best Western:** ◼ **F 6,** Ettlingerstr. 23, Südstadt, Tel. 0721 372 70, www.bestwestern.de, S 1/11, 4/41, 51, Tram 2, 6, H Augartenstr., 147 Zimmer, DZ ab 115 €. Von den oberen Etagen hat man Richtung Westen einen herrlichen Blick über den angrenzenden Zoo und Stadtgarten. Das Haus verfügt zwar nicht über einen eigenen Wellnessbereich, aber auf der gegenüberliegenden Straßenseite bietet das Vierortsbad Entspannung pur in historischem Ambiente.

Kunstvoll zelebriert – **Hotel der Blaue Reiter:** ◼ **Karte 3, B 2,** Amalienbadstr. 16, Durlach, Tel. 0721 94 26 60, www.hotelderblauereiter.de, Tram 1, 2, H Friedrichschule, 68 Zimmer, DZ 99 €, am Wochenende 88 €. Das modern gestaltete Hotel in Durlach ist großzügig und sehr geschmackvoll eingerichtet. Namensgebend war die Künstlergruppe Der Blaue Reiter mit Malern wie Kandinsky, Marc, Macke und Klee. Zeugnisse ihres Schaffens schmücken die Wände des in klaren Konturen gebauten Hotels. Das einbezogene Restaurant stellt badisch-bayerische Schmankerl in den Mittelpunkt. Wer nach ausführlichen Stadtbesichtigungen also gerne in der romantischen Vorstadt Durlach wohnt, ist hier bestens aufgehoben.

Im Herzen der Stadt – **Hotel Kaiserhof:** ◼ **Karte 2, F 4,** Karl-Friedrich-Str. 12, Stadtmitte, Tel. 0721 917 00, www.hotel-kaiserhof.de, S 1/11, 2, 4/41, 5, Tram 1–5, H Marktplatz, 54

Zimmer, DZ 125 €, am Wochenende 99 €. Jüngst renoviertes Traditionshaus am Marktplatz, in dem schon Kaiser Wilhelm auf seiner Reise nach Baden-Baden nächtigte. Hier ist »Verwöhnung auf badische Art« angesagt: großzügig geschnittene und gleichermaßen modern wie gemütlich eingerichtete Zimmer und Appartements. Zwei Zimmer sind auch für Rollstuhlfahrer problemlos erreichbar und bequem eingerichtet. Besonders schön: das Appartement mit Dachterrasse (als Doppelzimmer 145 €, als Einzelzimmer 120 €). Auch das Restaurant mit feiner Regionalküche gehört zu den Adressen, die man sich in Karlsruhe gerne ab und zu leistet (s. S. 42).

Stilsicher – **Novotel:** ■ **Karte 2, F 5,** Festplatz 2, Tel. 0721 352 60, www.novotel.com, S 1/11, 4/41, 51, Tram 2, 6, H Kongresszentrum, 246 Zimmer, DZ ab 150 €. Das moderne Hotel mit einer

schönen, hellen Bar, die auch von Nicht-Hotelgästen gerne besucht wird, liegt sehr zentral zwischen dem Innenstadtbereich und dem Bahnhof. Der Besucher ist verkehrstechnisch gut angebunden, kann aber die meisten Strecken auch zu Fuß erledigen.

Stilvoll und luxuriös – **Schlosshotel:** ■ **F 7,** Bahnhofplatz 2, Südweststadt, Tel. 0721 383 20, www.schlosshotel-karlsruhe.de, S 1/11, 4/41, Tram 2–4, 6, H Hauptbahnhof, 96 Zimmer, DZ 119–170 €, am Wochenende 109 €. Eine der renommierten Traditionsadressen der Karlsruher Hotellerie. Schon in den 1950er-Jahren, als der »Bambi« des Hauses Burda noch in Karlsruhe verliehen wurde, der bevorzugte Platz von angereisten Film- und Fernsehstars. Auch heute noch ein aufmerksam geführtes Haus mit gutem Restaurant, das durch ein gutes Preis-Leistungs-Verhältnis überzeugt.

Im Hotel Rio wohnen die Gäste zentral und dennoch ruhig

Essen und Trinken

Typisch badisch

Wenn es regionale Küche sein soll, dann denkt man in Baden natürlich an Spargel, Maultaschen, Kartoffelsuppe, Zwetschgenkuchen oder Schwarzwälder Kirschtorte, deren Rezeptur Anfang des 20. Jh. erstmals im Kochbuch einer Karlsruher Hausfrauenschule auftauchte. Auch die echte badische Bretzel mit kross gebackener Schleife und weichteigigem Außenseite gehört dazu. Flädlesuppe, Schupfnudeln und Schäufele (Nackenfleisch vom Schwein) beanspruchen hingegen schon wieder die Schwaben für sich, ohne deshalb ein Verzehrverbot für Badener auszusprechen. Wer die badische Küche kennenlernt, hat sicher seine Freude daran.

Ein bisschen Frankreich in der Küche gehört ebenfalls zu den Karlsruher Besonderheiten. Und dies nicht nur in Gourmetrestaurants wie der Oberländer Weinstube, dem Ochsen und dem Klenerts in Durlach. Auch in populären Restaurants wie den Badischen Weinstuben oder dem Bundschuh kann man Zeuge einer geschmackvollen deutschfranzösischen Küchenvermählung werden.

Ob Hopfen und Malz oder zarte Reben

Das 19. Jh. hatte aus Karlsruhe einen bedeutsamen Brauereistandort gemacht. Bis zu 25 Brauereien bedienten eine große Nachfrage, die sich 1888 auf 264 l pro Kopf und Jahr belief. Heute ist der Pro-Kopf-Verbrauch nicht einmal halb so groß. Ein paar der alten Brauereinamen wie Hoepfner oder Moninger sind zwar bis heute noch geblieben, brauen aber längst nicht mehr als eigenständige Unternehmen, sondern gehören zu größeren Konzernen. Erst in jüngster Zeit lassen neue Hausbrauereien wie das Vogelbräu, der Kühle Krug oder das Badisch Brauhaus diesen Teil der Kulturgeschichte zur Freude eines großen Publikums wieder sichtbar werden.

Zudem steht auch wieder mehr Wein auf den Tischen, und der kommt in besonders guter Form als Weiß- oder Grauburgunder aus dem nahen Kraichgau, als Riesling aus der Pfalz und als Rotwein aus Frankreich. Besonders stolz ist man aber auf die Weine vor der Haustür, auf den Riesling und die Burgunder aus dem Staatsweingut Durlach.

Außengastronomie

Manchmal fällt es schwer, streng in Biergärten, Garten- und Terrassenlokale zu kategorisieren. Mittlerweile sind viele Gastronomen dazu übergegangen, das oft bis weit in den Herbst andauernde milde Wetter zu nutzen. Sie stellen ein paar Tische und Stühle nachdraußen, die mit Decken und Heizlüftern ausgestattet die Freiluftsaison verlängern. Gleichwie: Innerstädtische Terrassen sind unabhängig von Namen und Bezeichnung von morgens bis abends gut besucht, weil's was zu gucken gibt. Und schöne Außenplätze wie in der Cantina Majolika, der Alten Bank oder im Max locken die Scharen nicht nur mit Bier und Wein, sondern mit einer ureigenen Form der Geselligkeit.

Im Wandel der Zeit

Wie in anderen Großstädten haben sich auch in Karlsruhe die Essgewohnheiten und die entsprechenden gastronomischen Angebote mit der Zeit gewandelt. Es geht und gibt prinzipiell überall alles: Man kann ganztägig frühstücken, in vielen Lokalen brunchen, Sushi und badische Gerichte am gleichen Ort bestellen, in Cafés neben Kuchen auch Salate auf der Karte finden. Um diesbezüglich ein wenig zu ordnen, wurde bei der Sortierung der genannten Cafés und Restaurants darauf geachtet, was besonders charakteristisch für sie ist.

Preisniveau

Aufgrund der zahlreichen Studierenden gibt es eine ganze Reihe günstiger Lokale, die mit ihren Preisen sogar der Mensa Konkurrenz machen. Allen voran ist dabei die Kippe zu nennen. Auch die Speisen im Vogelbräu oder im Café Bleu lassen sich diesbezüglich empfehlen. Ausgesprochene Studentenlokale beziehungsweise solche, in denen man viele junge Leute trifft, finden sich in der Nähe der Universität und in der Oststadt.

Karlsruhe ist kein teures Pflaster und so gibt es auch für ältere Semester Restaurants, die ab 8 € ein vernünftiges Essen in schönem Ambiente anbieten. Ein paar Namen dazu wären das Badisch Brauhaus, der Kaisergarten oder auch die Alte Bank, wo es sich nicht nur nach dem Theater, sondern auch nach einem Bummel durch die Stadt genießen lässt.

Cafés, Frühstück und Süßes

Zwischendurch – **Café Greco in der Kunsthalle:** ■ **Karte 2, F 3,** s. S. 34.

Klassisch gut – **Café Kehrle:** ■ **Karte 3, B 2,** Pfinztalstr. 35–37, Durlach, Tel. 0721 49 46 32, www.cafe-kehrle. de, Tram 1, 8, H Friedrichschule, Mo–Fr 8.30–19 (Ladenverkauf bis 18), Sa 8.30–18, So 12–18 Uhr, Mittagessen ab 7,90 €. In dieser Konditorei mit angeschlossenem Café in der Durlacher Fußgängerzone kommt der Liebhaber von feinen Kuchen und erlesenen Pralinen voll auf seine Kosten. Dazu gibt es ein kleines Angebot an herzhaften Speisen. Alles auch zum Mitnehmen.

Traditionsreich – **Café Böckeler:** ■ **Karte 2, F 4,** s. S. 42.

Erlesene Konditorei – **Café Endle:** ■ **Karte 2, D 4,** Kaiserstr. 241 a, Stadtmitte, Tel. 0721 246 78, www.endle.de, S 1/11, 2, 5, Tram 1–4, 6, H Europaplatz, Mo–Sa 8–18 Uhr, So, Fei 10–18 Uhr, Frühstück ab 3,50 €, Mittagstisch ab 9 €. Das traditionsreiche Café zeigt sich in modernem Gewand mit zahlreichen kleinen Tischchen für den Kaffeebesuch. Herausragend sind die Torten und Kuchen, von denen jeder Karlsruher weiß, dass sie mit das Beste sind, was an Konditorenkunst in Karlsruhe zu bekommen ist. Empfehlenswert auch der Sonntagsbrunch, am Tisch serviert, mit allem, was das Herz begehrt. Und die Croissants – spitze!

Zuckersüß – **Goldstück:** ■ **Karte 2, E 3,** Karlstr. 9, Stadtmitte, Tel. 0721 16176754, www.dasgoldstueck.de, S 1/11, 2, 5, Tram 1–4, 6, H Europaplatz, Mo, Sa 9–16, Di–Fr 9–18 Uhr, Desserts

Nicht nur die in dieser Rubrik aufge-führten Cafés öffnen bereits am Mor-gen. Auch einige der nachstehend ge-nannten Lokale (u. a. Alte Bank, Café Bleu, Café Ludwig's, Café Palaver, Café Ríh, Cantina Majolika, Max, Seilerei) laden am Vormittag zum **Frühstück** ein oder verwöhnen mit einem **Sonn-tagsbrunch.**

ab 5 €. Eine besondere Idee: ein kleines Restaurant für alle Naschkatzen. Lieb-haber von süßen Leckereien bekommen feine Köstlichkeiten, von denen eigent-lich nur eines zu sagen ist: MEHR! Der Schwerpunkt liegt auf erlesenen Des-serts, die sogar zu einem Menü zusam-mengestellt werden. Eine feine Auswahl an Kaffeespezialitäten runden den sü-ßen Genuss ab. »Vorsicht Suchtge-fahr!«

Wie früher – **Großmudder's:** ■ **B 4,** s. S. 57.

Gourmet-Lokale

Klein aber fein – **Dudelsack – Hü-gels Restaurant:** ■ **Karte 2, E 4,** Waldstr. 79, Stadtmitte, Tel. 0721 20 50 00, www.restaurant-dudelsack.de, S 1/11, 2, 5, Tram 1–4, 6, H Europaplatz, tgl. 18–1 Uhr, Hauptgerichte ab 14 €, Menü ab 35 €. Die recht kleine und im Stil eines Wohnzimmers eingerichtete Gaststube könnte man auch im Elsass betreten und auch das Repertoire der Speisen könnte ebenso auf der anderen Rheinseite angeboten werden. Heinz Hügel versteht sich seit Langem bestens darauf, die feine badische Küche mit den französischen Klassikern zu verbin-den. Zu den Spezialitäten gehören die provenzalische Fischsuppe ebenso wie

Lamm-Maultaschen in Morchelrahm-sauce.

Der Stern über Durlach – **Anders auf dem Turmberg:** ■ **Karte 3, D 3,** Rei-chardtstr. 22, Durlach, Tel. 0721 414 59, www.anders-turmberg.de, Tram 1, 8, H Durlach Turmberg, Brasserie tgl. 11.30–23.30 Uhr, Hauptgerichte ab 16 €, An-ders Superior Di–So ab 19 Uhr, Menüs ab 99 €. Eines der beliebtesten Restau-rants in Karlsruhe. Das modernisierte und unaufdringlich schick eingerichtete Restaurant des jüngsten Sternekochs Deutschland, Sören Anders, verfügt über eine große Aussichtsterrasse mit 110 Plätzen. Von hier aus überblickt der Gast die ganze Rheinebene und die Stadt Karlsruhe. Die Küche ist franzö-sisch geprägt, aber auch regionale The-men kommen nicht zu kurz. Das Preis-niveau entspricht der anspruchsvollen Qualität; ›teuer‹ wäre der falsche Be-griff. Bereits ein Blick auf die Homepa-ge des Restaurants macht Appetit!

Bekannt und bewährt – **Oberländer Weinstube:** ■ **Karte 2, E 3,** Akade-miestr. 7, Stadtmitte, Tel. 0721 250 66, www.oberlaender-weinstube.de, S 1/ 11, 2, 5, Tram 1–4, 6, H Europaplatz, Di–Sa 12–15, 18–24 Uhr, Hauptgerich-te ab 35 €. Das Restaurant der Spitzen-kategorie steht in langer familiärer Tra-dition. Der Großvater des jetzigen Pa-trons Peter Rinderspacher erwarb das Haus 1918 und öffnete das Restaurant. Inzwischen leitet Axel Krause das Kü-chenteam: ›Leichte, französisch inspi-rierte Leckereien‹ ist wohl die knappste Beschreibung für das Angebot an edlen Gerichten.

Ein Hauch von Frankreich – **Zum Ochsen:** ■ **Karte 3, C 2,** Pfinzstr. 64, Durlach, Tel. 0721 94 38 60, www.och sen-durlach.de, Tram 1, 8, H Durlach

Schlossplatz, Mi–So 12–14, 18–24 Uhr, Hauptgerichte ab 31 €. »Ein Stück Frankreich für Genießer« – ganz zu Recht wirbt so das Restaurant, in dem die Autodidaktin Anita Jollit am Herd steht. Von einem mehrjährigen Aufenthalt in Paris hat sie ihre Kochkünste und ihren Mann Gérard in das 300 Jahre alte Gasthaus in Durlach mitgebracht. Fragt man in Karlsruhe, wo es denn am besten schmeckt, heißt neun von zehn Mal die Antwort: »im Ochsen in Durlach«. Ob im noblen Restaurant oder auf der Gartenterrasse – Kreationen wie warme Gänseleber mit karamellisierten Birnen-Spalten verleiten überall zum Schwelgen.

Gut und günstig

Beschildert – **Café Bleu:** ■ **C 4,** Kaiserallee 11, Weststadt, Tel. 0721 85 63 92, www.cafe-bleu.de, S 1/11, 2, 5, Tram 1–3, H Mühlburger Tor, So–Do 8–1, Fr, Sa 8–2 Uhr, Tagesessen ab 4 €. Was auf großen Stadtstraßen die Nerven strapaziert, ist hier angenehme Dekoration: Die Wände gleichen einem Schilderwald. Im Wintergarten oder auch im großen Biergarten mit 300 Plätzen gibt es eine Großauswahl an Salaten, badischen Gerichten und Vollwertkost. Beim täglich wechselnden Mittagstisch stehen mehrere preiswerte Alternativen zur Auswahl. Der Wintergarten ist auch ein angenehmer Frühstücksplatz.

Immer frisch – **Café Palaver:** ■ **Karte 2, G 4,** Steinstr. 23, Dörfle, Tel. 0721 37 76 47, www.cafepalaver.de, S 2, 4/41, 5, Tram 5, H Kronenplatz/Universität, Di–So 9–19 Uhr, Frühstück ab 3,80 €, Mittagessen ab 7 €. Urbanes Flair in einer etwas versteckten Ecke des innerstädtischen Gewerbehofes.

Vorbei an Druckereien, Fahrradladen und Kindergarten, findet man den schönen Wintergarten, der an einem alten Industriegebäude klebt. Hier und auf dem mit viel Grün gestalteten Freisitz kann man dann die große Frühstückskarte studieren und das Ausgewählte genießen. Auch mit Kindern ist man hier herzlich willkommen.

Zu jeder Tageszeit – **Max, Café, Bar:** ■ **Karte 2, E 3,** s. S. 37.

Künstlerisch – **Restaurant EigenArt:** ■ **Karte 2, F 4,** Hebelstr. 17, Stadtmitte, Tel. 0721 570 34 43, www.eigenart-karlsruhe.de, S1/11, 2, 4/41, 5 Tram 1–5, H Marktplatz, Di–Fr 11.30–14.30, 17.30–23, Mo, Sa 17.30–23 Uhr, Mittagstisch ab 13,50 €. Das etwas andere Restaurant präsentiert sich mit viel Kunst und Kultur, vor allem aber mit viel Liebe zum Essen – ganz im Sinn der Slow-Food-Bewegung. Die regelmäßig wechselnde Speisekarte bietet ausgefallene Kreationen und kleine, aber feine Menüs.

Schöne Atmosphäre im ehemaligen Bankhaus – **Vapiano:** ■ **Karte 2, E 3,** Karlstr. 11, Stadtmitte, Tel. 0721 95 78 84 80, www.vapiano.de, S1/11, 2, 5, Tram 1–4, 6, H Europaplatz, Mo–Do, So, Fei 10–24, Fr, Sa 10–1 Uhr, ab 5 €. In die großzügige alte Schalterhalle des ehemaligen Bankhaus Homburger ist junge, schnelle Küche eingezogen. Bei front-cooking können die Gäste zusehen, wie Pasta, Pizza und mehr zubereitet werden.

Szene und Ambiente

Sehen und gesehen werden – **Café Ludwig's:** ■ **Karte 2, E 4,** Waldstr. 61, Stadtmitte, Tel. 0721 233 49,

Die Cantina Majolika am Rand des Schlossgartens stylt sich für den Abend

www.ludwigs-ka.de, S 1/11, 2, 5, Tram 1–4, 6, H Europaplatz, Mo–Do 9–1, Fr, Sa 9–3, So, Fei ab 10 Uhr, Hauptgerichte ab 7 €. Die Mischung aus Café, Bistro und Bar funktioniert nur deshalb so gut, weil die Lage nicht besser sein könnte. Mit 150 Terrassenplätzen direkt am Ludwigsplatz ist das Lokal ein Teil des vielfältigen gastronomischen Gesamtangebotes an diesem belebten und beliebten Stadtplatz.

Beliebt – **Café Rih:** ■ **Karte 2, E 3,** s. S. 38.

Frisch und unkompliziert – **Hammer's Restaurant:** ■ **C 7,** Breite Str. 98, Beiertheim, Tel. 0721 824 82 60, www.hammers-restaurant.de, Tram 2, H Welfenstr., Di–Fr 12–15, 18–24, Sa, So 18–24 Uhr, Mittagskarte ab 9,80 €, Abendkarte ab 15,80 €. Das kleine Restaurant fällt unter die Kategorie »ausgesprochen lecker – super Preis-Leistungsverhältnis«. Es wurde dafür auch schon im Michelin mit einem Bib-Gourmand ausgezeichnet. Die kleine Abend-

karte wechselt wöchentlich und hält vor allem saisonale Gerichte, die die Nähe zu Frankreich nicht verleugnen können, bereit. Im Sommer stehen auch ein paar Außenplätze zur Verfügung.

Zentral – **Marktlücke am Marktplatz:** ■ **Karte 2, F 4,** s. S. 43.

Sowohl asiatisch als auch mediterran – **Oktave:** ■ **H 4,** s. S. 52.

Stilvoll – **Portale 50:** ■ **Karte 2, E 4,** Waldstr. 50, Stadtmitte, Tel. 0721 203 98 45, www.portale50.de, S1/11, 2, 5, Tram 1–4, 6, H Europaplatz, Mo–Sa 12–14, 18–23 Uhr, Hauptgerichte ab 10,50 €. Hier lässt es sich fein und edel genießen. Die Speisekarte hält eine erlesene Auswahl italienischer Spezialitäten bereit, ein Blick in die Weinkarte zeigt die passenden Begleiter.

Lohnenswert – **Rim Wang:** ■ **Karte 4, C/D 2,** Eckenerstr. 1, Grünwinkel, Tel. 0721 69 77 76, www.rim-wang.de, S2, Tram 6, H Eckenerstr., Mo, Sa

17.30–24, So 12–22.30, Di–Fr 12–14, 17.30–24 Uhr, Hauptgerichte ab 7,90 €. Ein kleines Stück Thailand mitten in Baden. Der Kunst und Kultur des Landes und seiner Atmosphäre kann man im Rim Wang nachspüren. Die Qualität des Essens wurde bereits mehrfach ausgezeichnet und findet immer mehr Anhänger. Den Weg nach Grünwinkel wird man nicht bereuen!

Tapas, Tapas – **Toro:** ■ **Karte 2, E 3,** Akademiestr. 57, Stadtmitte, Tel. 0721 47 03 04 69, www.toro-bar.de, S1/11, 2, 5, Tram 1–4, 6, H Europaplatz, Mo–Sa 17–24 Uhr, Tapasteller ab 5 €. Ein Highlight für jeden Spanienliebhaber! Hier is(s)t man einfach unkompliziert und es werden die besten Tapas der Stadt serviert.

Biergärten und Terrassen

In der Säulenhalle – **Alte Bank:** ■ **Karte 2, E 4,** s. S. 45.

Geselligkeit für jedermann – **Beim Schupi:** ■ **Karte 4, C/D 2,** Durmersheimer Str 6, Grünwinkel, Tel. 0721 55 12 20, www.schupi.de, S2, Tram 6, H Eckenerstr., Mo–Sa Mai–Sept. ab 16, Okt.–April ab 17, So 11–15 Uhr, Hauptgerichte ab 9,20 €. Natürlich kann man hier zu jeder Jahreszeit in den großen Gaststuben badisch genießen. Aber Alt und Jung, ob mit Kindern oder unter Freunden, treffen sich beim Schupi besonders gerne zwischen Mai und September, wenn der Biergarten unter den alten Bäumen geöffnet ist. Eine vielseitige Karte von Schnitzel bis Flammkuchen mit den passenden Sorten Bier aus der Brauerei Moniger lässt den stressigen Alltag vergessen. Auch für Familien bestens geeignet.

Im Wald – **Cantina Majolika:** ■ **F 2,** s. S. 54.

Frisch gebraut – **Hoepfner Burghof:** ■ **J 3,** Haid-und-Neu-Str. 18, Ostadt, Tel. 0721 6226 44, www.hoepfnerburghof.de, S 2, Tram 4, 5, H Hauptfriedhof, Mo–Sa 11.30–24, So, Fei 11.30–23 Uhr, kleine Gerichte ab 6 €. Die Hoepfner Burg gehört zu den Wahrzeichen Karlsruhes. Sie wurde zwischen 1896 und 1898 gebaut und beherbergt seither eine der traditionsreichen Brauereien der Stadt sowie Restauranträume, ein Hotel und einen Biergarten mit mehr als 1000 Plätzen. Allein die Anlage ist schon eine Besichtigung wert. Im Biergarten werden die verschiedenen Sorten Gerstensaft frisch aus dem Tank gezapft. Das groß dimensionierte Restaurant mit gemütlich bis nostalgischer Holztäfelung, Wandmalereien, Säulen und Bögen wirkt einladend. Aus der Küche kommen beste badische Gerichte.

Unter Bäumen – **Kaisergarten:** ■ **C 3/4,** Kaiserallee 23, Weststadt, Tel. 0721 830 21 18, www.kaiser-garten. eu, S 1/11, 2, 5, Tram 1–3, H Schillerstr., Mo–Fr 11.30–14.30, 17–24, Sa 11–1, So, Fei 10–24 Uhr, Hauptgerichte ab 6 €. Einer der ältesten Biergärten der Stadt mit 400 Plätzen im Hof und weiteren 50 im Wintergarten. Gekocht wird unter anderem auch badisch. An der

Beim Besuch des Hoepfner Burghofes kann man an der Hotelrezeption das Buch **»Hopfen & Malz – Die Geschichte des Brauereiwesens in Karlsruhe«** zum Schmökern ausleihen und sich für eine gute Biergartenstunde einem besonderen Aspekt der Karlsruher Stadtgeschichte zuwenden.

Flammkuchenkarte merkt man das nahe Elsass.

Urig – **Litfass:** ■ **Karte 2, F 4,** Kreuzstraße 10, Stadtmitte, Tel. 0721 69 34 87, www.altebank.de/Seiten/Litfass, S 1/11, 2, 4/41, 5, Tram 1–5, H Marktplatz, tgl. 10–1 Uhr, Hauptgerichte ab 6 €. Durch die Nutzung des idyllischen Platzes hinter der kleinen Kirche ist hier nach Ansicht vieler Karlsruher einer der schönsten Biergärten in der Innenstadt entstanden. Mittags gibt es abwechslungsreiche Tagesangebote, abends empfehlenswerte Salate und typische Biergartengerichte.

Idyllisch – **Obermühle:** ■ **Karte 3, C 1,** Alte Weingartner Str. 37, Durlach, Tel. 0721 921 34 44, www.restaurant-obermuehle.de, Tram 1, 8, H Durlach Turmberg, Di–Sa 17–23, So 11.30–15, 17–22 Uhr, Hauptgerichte ab 5,80 €. Die historische Mühle wurde liebevoll restauriert und wird seit 1990 als Naturfreundehaus und Lokal genutzt. Im Gemäuer stecken noch die Kugeln der Badischen Revolution von 1848/49. Aus der regional ausgerichteten Küche kommen Wild- und Fischgerichte auf die Tische des schönen Biergartens. Vor allem Kinder haben ihren Spaß an dem intakten Mühlrad sowie den Spielmöglichkeiten im Garten und auf dem benachbarten Piratenschiff.

Studentisch – **Pfannenstiel:** ■ **Karte 2, G/H 4,** Am Künstlerhaus 53, Dörfle, Tel. 0721 660 77 99, www.pfannenstiel-karlsruhe.de, S 2, 4/41, 5, Tram 1, 2, 4, 5, H Durlacher Tor, Mo–Sa 17–1, So ab 17 Uhr, Hauptgerichte ab 6 €. Vom kleinen Baguette bis Pfannengerichten: In diesem Biergarten lässt sich unter alten Kastanien gut sein. Auch der Innenraum ist sehr gemütlich. Das Preisniveau orientiert sich am studentischen Publikum.

Unfiltriert – **Der Vogelbräu:** ■ **Karte 2, G/H 4,** s. S. 51.

Typisch Badisch

Im Grünen – **Badische Weinstuben:** ■ **Karte 2, F 3,** s. S. 33, 35.

Allerlei auf vier Ebenen – **Badisch Brauhaus:** ■ **Karte 2, E 3,** Stephanienstr. 38–40, Stadtmitte, Tel. 0721 144 44 00, www.badisch-brauhaus.de, S 1/11, 2, 5, Tram 1–4, 6, H Europaplatz, Mo–Do 11.30–24, Fr, Sa 11.30–1, So 11–24 Uhr, ab 4,90 €. Große Säle, verwinkelte Räume, gemütliche Gastlichkeit finden sich überall im Haus. Und was der Name erwarten lässt, wird hier auch voll erfüllt: Frisch gebraute verschiedene Biere stehen ebenso auf der Karte wie die passenden, typisch deftigen Speisen. Dazu gibt es im Badisch Brauhaus, das zur AAAA-Hotelwelt gehört, aber auch jede Menge Veranstaltungen von Livekonzerten, über Piano-Abende bis hin zu Comedy-Events.

Weinselig – **Bundschuh:** ■ **Karte 4, D 2,** Friedrichstr. 14, Grötzingen, Tel. 0721 66 09 07 00, www.weinstube-bundschuh.de, S 4, 5, H Grötzingen Bf, Di–Fr 12–14 (auf Vorbestellung) und ab 17, Sa ab 17, So 9.30–14 und ab 17 Uhr, ab 6,50 €. Das kleine Fachwerkhaus aus dem 15. Jh. lädt ein zu einem romantischen Stell-Dich-Ein zwischen Weinseligkeit, köstlichen Gaumenfreuden und Kerzenschein. Wer im Sommer kommt, sollte unbedingt einen lauen Abend im idyllischen Gärtchen verbringen. Die Fahrt ins Malerdörfchen lohnt sich!

Badisch fein – **Prasses Kaiserplatzl:** ■ **D 4,** Amalienstr. 89, Stadtmitte, Tel. 0721 223 14, www.kaiserplatzl.de, S

1/11, 2, 5/51, Tram 1, 2, 3, 6, H Mühlburger Tor, Mo–Fr 11.30–14, 18–23, Sa 18–23, So 11.30–14 Uhr, Mittagskarte ab 7,50 €, Hauptgerichte ab 9,50 €. Das im Stil der 1970er-Jahre eingerichtete Restaurant bietet eine abwechslungsreiche Auswahl an regionalen Speisen und Saisongerichten. Nach eigenen Angaben »schaffed man hier ned mit dem Migro«, sondern bereitet das Essen frisch und mit viel Liebe zu, also nichts für Eilige. Besonders Fischliebhaber kommen auf ihre Kosten: Das Zanderfilet ist ausgezeichnet!

Historisch – **Seilerei:** ■ **Karte 2, G 4,** Kaiserstr. 47, Stadtmitte, Tel. 0721 499 34 11, www.seilerei-ka.de, S 2, 4/41, 5, Tram 1–5, H Kronenplatz/Universität, Mo–Sa 7–1, So, Fei 8–24 Uhr, Hauptgerichte ab 11,50 €. Weinstube, Osteria, Café des Arts – aus dem Seilerhäuschen, einem der Häuser (1723) aus der Gründungszeit der Stadt, ist 2002 die Seilerei geworden. Mit viel Engagement wurde renoviert, verschönt und auf vielfältige Art und Weise guter Geschmack eingebracht. Man sitzt sehr gemütlich und stilvoll schon beim Frühstück oder auch erst beim Abendessen.

Vegetarisch

Orientalisch – **Tanburi:** ■ **Karte 3, B 2,** Pfinztalstr. 45, Durlach, Tel. 0721 400 98 14, www.tanburi.de, Tram 1, 8, H Durlach Friedrichschule, tgl. 9–1 Uhr, Hauptgerichte ab 7 €. In dem orientalischen Restaurant in Durlach gibt es eine Reihe guter vegetarischer Gerichte.

Vollwertig und frisch – **Viva:** ■ **Karte 2, F 4,** Lammstr. 7a, Stadtmitte, Tel. 0721 232 93, www.viva-restaurant.de, S 1/11, 2, 4/41, 5, Tram 1–5, H Marktplatz, Mo–Fr 11–20.30, Sa 11–17, So 11–15 Uhr, ab 3,95 €, zum Mitnehmen ab 1,95 €. Das hell und freundlich eingerichtete Selbstbedienungsrestaurant in der Rathauspassage bietet ein täglich wechselndes Tagesgericht, oft sind auch vegane Speisen im Angebot. Für die Eiligen gibt es ein großes Angebot zum Mitnehmen. Wohl das Beste, was Karlsruhe für Vegetarier zu bieten hat.

Beim Vogelbräu nahe der Uni verkehren Studenten und auch ältere Semester

Einkaufen

Zwischen großen Sortimenten und kleinen Kostbarkeiten

Ein Shoppingbummel, vorbei an großen Schaufenstern und edlen Vitrinen, beginnt in der **Kaiserstraße,** der zentralen Einkaufsmeile der Fußgängerzone. Als sie noch Lange Straße hieß und die Hauptverkehrsachse von Durlach über Karlsruhe nach Mühlburg war, nutzten bereits Einzel- und Kolonialwarenhändler die hohe Publikumsfrequenz. Ihnen folgten um die Jahrhundertwende prächtige Kaufhäuser mit herrlichen Fassaden. Noch heute präsentiert Karstadt sein Angebot hinter der Jugendstilkulisse des ehemaligen Kaufhauses Knopf.

Fast alle namhaften Waren- und Modehäuser sind in der Kaiserstraße versammelt und sorgen für ein vielseitiges Sortiment. Daneben verleihen kleine exklusive Fachgeschäfte mit trendigen und innovativen Auslagen der Einkaufsmeile ein attraktives Gesicht. Besondere Akzente setzen einige traditionsreiche Läden, etwa das große Modehaus Schöpf oder der kleiner Hut-Nagel. Mitten im geschäftigen Treiben laden zudem zahlreiche Straßencafés zu einer kleinen Pause ein.

Man sollte es aber nicht versäumen, auch in die Seiten- und Parallelstraßen mehr als nur einen Blick zu werfen. Viele kleine Geschäftchen und Galerien mit ausgefallener Mode, Accessoires und Kunstobjekten befinden sich in der **Waldstraße,** der **Herrenstraße** und der **Ritterstraße** im westlichen Teil des Fächers sowie in der quer verlaufenden **Erbprinzenstraße**.

Ein Stück Karlsruhe

Bordeaux wirbt mit dem Wein, Mailand mit der Mode – Karlsruhe lockt mit Objekten von Künstlern und Kunsthandwerkern. Wer das feine Handwerk liebt, besucht das Karlsruher Brigändle oder wird fündig in den Ateliers in Durlach. Hochwertige Keramik aus Künstlerhand wird in der Majolika Manufaktur verkauft. Auch mancher Museumsshop hält originelle Kleinigkeiten bereit. So entdeckt man in den Vitrinen der Städtischen Galerie kleine, erschwingliche Unikate der im Haus ausgestellten Künstler oder im Badischen Landesmuseum hübsche Schmuckstücke in der Manier des Jugendstils. Leckermäuler können sich Karlsruhe gar auf der Zunge zergehen lassen. Ein nettes Mitbringsel ist die Pyramide aus Schokolade vom Café Brenner am Marktplatz.

Öffnungszeiten

Im innerstädtischen Bereich sind die meisten Geschäfte von montags bis samstags zwischen 10 und 20 Uhr geöffnet. Kleinere Läden, vor allem außerhalb des Zentrums und in Durlach, schließen auch früher, samstags ist dort oft um 16 oder 18 Uhr Schluss. Zudem macht der ein oder andere Laden außerhalb der City in den Mittagsstunden ein Päuschen.

Antiquitäten, Kunst und Galerien

Zum Stöbern – **Antiquariat Horst Schach:** ■ **Karte 2, E 4,** Herrenstr. Stadtmitte, 50 a, Tel. 0721 262 22, Tram 2, 4, 6, H Karlstor, Mo–Fr 11–13, 14–18 Uhr. Hochwertige Antiquitäten mit Schwerpunkten auf dem 18., 19. und 20. Jh.

Im Verborgenen – **Galerie Karlheinz Meyer:** ■ **H 4,** Lachnerstr. 7, Oststadt, Tel. 0721 61 21 11, S 5, Tram 1, 2, H Gottesauer Platz, Termin nach Vereinbarung. Eine der wenigen Galerien in Karlsruhe, die bei der Dokumentation und Förderung zeitgenössischer Kunst eine ernsthafte und konsequente Linie verfolgen.

Hochkarätig – **Galerie Schrade:** ■ **Karte 2, F 3,** Zirkel 34–38, Stadtmitte, Tel. 0721 151 87 74, www.galerie-schrade.de, S 1/11, 2, 5, Tram 1, 3, 4, H Herrenstr., Di–Fr 11–13, 14–18, Sa 11–16 Uhr. Seit 2008 hat sich zwischen Schloss und Kunsthalle in den großen, lichtdurchfluteten Räumen der Galerie ein neues Kunstzentrum entwickelt. Viele Künstler aus den Bereichen Malerei und Skulptur von der Klassischen Moderne bis zur Gegenwart konnten bereits einem großen Publikum präsentiert werden.

Liebe zum Besonderen – **Karl Leis Antiquitäten:** ■ **Karte 2, E 4,** Herrenstr. 52, Stadtmitte, Tel. 0721 267 16, Tram 2, 4, 6, H Karlstor, Mo–Fr 10–13, 15–18 , Sa 10–13 Uhr. Durch seine Gemälde, Grafik, antikes Porzellan und antiken Schmuck lebt Karl Leis mit der Geschichte der Stadt. Er weiß viel über die Dingen, die ihn umgeben, zu erzählen und wird auch oft befragt. Hier zu stöbern und zuzuhören, macht viel Spaß.

Karlsruher Künstler – **Künstlerhaus-Galerie:** ■ **Karte 2, H 4,** s. S. 51.

Traditionsreich – **Kunsthandlung Armin Gräff:** ■ **Karte 2, E 3,** s. S. 39.

International – **Meyer Riegger Galerie:** ■ **D 5,** Klauprechtstr. 22, Südweststadt, Tel. 0721 982 21 41, www.meyer-riegger.de, Tram 2, 4, 5, 6, H Mathystr., Di–Fr 12–18, Sa 12–14 Uhr. Jochen Meyer und Thomas Riegger führen die einzige Karlsruher Galerie mit Präsenz auf bedeutsamen Kunstmessen. Unter den ganz jungen Künstlern finden sich auch Absolventen der benachbarten Hochschule für Gestaltung.

Design, Wohnen und Kunsthandwerk

Anders – **Atelier B:** ■ **E 5,** Karlstr. 82, Südweststadt, Tel. 0721 350 49 20, www.bodelschwingh-karlsruhe.de, Tram 2, 4, 5, 6, H Mathystr., Mo–Fr 8.30–18.30, Sa 9.30–13.30 Uhr. Die Menschen, die im Haus Bodelschwingh wohnen und arbeiten, haben Suchtprobleme und/oder psychische Erkrankungen. Das künstlerische und kreative Schaffen ist Teil ihrer Therapie. Ihre Werkstücke werden im Ladengeschäft angeboten, sind handgefertigt und mit biologischen Farben bemalt.

Wohnkultur – **Burger:** ■ **Karte 2, E 4,** Waldstr. 89–91, Stadtmitte, Tel. 0721 91 32 20, www.burger.de, S 1/11, 2, 5, Tram 1–4, 6, H Europaplatz, Mo–Mi 10–19, Do, Fr 10–19.30, Sa 10–18 Uhr. Wer unter der Internetadresse nachsieht, erfährt nichts Neues zu Fast Food, wohl aber zum Angebot eines großen und sehr beliebten Karlsruher Möbel- und Designhauses. Ein-

Einkaufen

richtungsgegenstände vom Großformat bis zur Aktentaschengröße werden hier gleich in mehreren nebeneinander liegenden Häusern und auf mehreren Etagen präsentiert.

Handarbeit – **Eva Nirk Lederarbeiten:** ■ **Karte 3, B 2**, s. S. 70.

Mehr als nur Blumen – **Florale Werkstatt Blumen Mosch:** ■ **Karte 3, D**

1/2, Grötzinger Str. 65, Durlach, Tel. 0721 413 92, www.blumen-mosch.de, Tram 1, 8, H Durlach Turmberg, Mo–Fr 8.30–13, 15–18.30, Sa 9–13, So 10–12 Uhr. Nicht nur ein Sträußchen für die Lieben kann man hier erstehen, sondern auch den kunstvollen Umgang mit Blumen erleben. Die Natur wird hier in Szene gesetzt. Schon der Laden ist reizvoll dekoriert. Wer Ende November in Karlsruhe ist, sollte unbedingt die Ad-

Wettergeschützt einkaufen und bummeln – ECE Shoppingcenter Ettlinger Tor

ventsausstellung besuchen, Infos gibt es auf der Homepage.

Absolute Fundgrube – **Grüner Krebs:** ■ **Karte 2, E 4,** Erbprinzenstr. 21, Stadtmitte, Tel. 0721 255 42, www.gruenerkrebs.de, S 1/11, 2, 5, Tram 1–4, 6, H Europaplatz, Mo–Mi 10–19, Do, Fr 10–20, Sa 10–18 Uhr. Eine Menge pfiffiger Geschenkideen und Accessoires haben die Herren Grüner und Krebs versammelt. Der Grüne Krebs gehört zu den In-Läden der Innenstadt.

Accessoires und mehr – **Ecco:** ■ **Karte 3, B/C 2,** s. S. 70.

Ein orientalischer Traum – **Lapislazuli-Galerie:** ■ **Karte 2, E 4,** s. S. 45.

Mit viel Liebe – **MachArt Wolle und mehr:** ■ **Karte 3, B 2,** s. S. 70.

Künstlerwerke – **Majolika Manufaktur:** ■ **F 2,** s. S. 53.

Stoffe, Stoffe, Stoffe – **Raumausstattung Rosi Gillen:** ■ **Karte 3, B 2,** Seboldstr. 3, Durlach, Tel. 0721 40 19 12, www.rosi-gillen.de, Tram 1, 8, H Durlach Friedrichschule, Di, Mi 8–13, Do, Fr 14–19, Sa 9–13 Uhr und nach Vereinbarung. Hochwertige Polsterarbeiten, Restaurierungen und Maßanfertigungen sowie kunst- und geschmackvolle Stoffdekorationen für Fenster und Räume.

Individuelles – **Schmuckgalerie Artifex:** ■ **Karte 3, B 2,** Bienleintorstr. 25, Durlach, Tel. 0721 49 86 36, Tram 1, 8, H Durlach Friedrichschule, Di–Fr 10–19, Sa 10–14 Uhr. Monika Woicke und Katharina Siegrist setzen kreativ unterschiedlichste Materialien ein und schaffen im wahrsten Sinn des Wortes Spektakuläres.

Kulinarisches

Schwarze Hochkultur – **La Cultura del Caffè:** ■ **Karte 2, E 3,** s. S. 39.

Wein- und Käsegenuss – **Ehrlichs Wein-Contor:** ■ **Karte 2, F 4,** s. S. 43.

Gut sortiert – **Weinlade am Gutenbergplatz:** ■ **B 4,** s. S. 56.

Natürlich – **Sonnenblume:** ■ **Karte 3, B 2,** Am Zwinger 8, Durlach, Tel. 0721 40 53 19, www.sonnenblume-durlach.de, Tram 1, 8, H Durlach Friedrichschule, Mo–Fr 8.30–18, Sa 8.30–13 Uhr. Seit Langem beliebter Bioladen mit bestem Käse, Biowein und sehr freundlicher Bedienung.

Oase für alle Liebhaber des Tees – **Wilkendorf's Teehaus:** ■ **Karte 2, E 3,** s. S. 39.

Mitbringsel

Aus Holz – **Karlsruher Brigändle:** ■ **D 2,** Erzbergerstr. 42 a, Stadtmitte, Tel. 0721 75 19 92, www.brigaendle.de, Tram 3, H Synagoge, Mo, Di, Do, Fr 10–18.30, Mi, Sa 10–14 Uhr und nach telefonischer Vereinbarung. Geschnitzte Krippenfiguren und manch anderes Liebenswerte aus Holz.

Ein Traum in Schokolade – **Pralina:** ■ **Karte 2, F 4,** s. S. 43.

Mode und Accessoires

Exklusiv – **Boutique 61:** ■ **Karte 2, E 5,** Karlstr. 61, Südweststadt, Tel. 0721 300 00, www.g-rillmann.info, Tram 2, 4, 5, 6, H Mathystr., Mo–Fr 10–18.30,

Shoppingcenter und Kaufhäuser

Zwischen dem Europaplatz im Westen und dem Kronenplatz im Osten der Innenstadt finden sich entlang der Kaiserstraße zahlreiche Kaufhäuser und Ladengalerien. Direkt am Europaplatz hat im historischen Gebäude der ehemaligen Hauptpost ein modernes Shopping- und Gastronomiecenter Platz genommen. In der **Postgalerie (■ Karte 2, E 4,** Kaiserstr. 217, Stadtmitte, www.postgalerie.com, S 1/11, 2, 5/51, Tram 1, 3, 4, H Europaplatz, Mo–Sa 10–20 Uhr) wurde gerade komplett renoviert. Nun laden den Besucher neue helle Räume zum Verweilen ein. Vom Kernstück, der Kaiserhalle, gelangt man in die verschiedenen Geschäfte und Lokalitäten. Dabei ist insbesondere die Primark- Filiale, die erste Niederlassung dieser Modekette in Baden-Württemberg, ein Anziehungspunkt für junge Frauen. Die **Ludwigpassage (■ Karte 2, E 4)** am nicht weit entfernten Ludwigsplatz gehört zu den kleinen Einkaufsgalerien mit hochwertiger Mode. Etwas weiter südöstlich an der Kreuzung Kriegsstraße/Ettlinger Straße errichtete die Hamburger ECE-Projektmanagement Gruppe 2005 das **Ettlinger Tor (■ Karte 2, F 4,** Karl-Friedrich-Str. 26, Stadtmitte, www.ettlinger-tor.de, S 1/11, 4/41, Tram 2, 3, 5, H Ettlinger Tor/Staatstheater, Mo–Sa 10–20, Do bis 22 Uhr), eine über 37 000 m² große Mall mit zahlreichen Bekleidungsgeschäften, Bistros und Vielem mehr.

Sa 10–16 Uhr. Exclusive Damenmode-Boutique mit Designer Sale, Topadresse in Karlsruhe.

Nur noch selten zu finden – **Hut-Nagel: ■ Karte 2, E 4,** Kaiserstr. 116, Stadtmitte, Tel. 0721 283 28, S 1/11, 2, 5, Tram 1, 3, 4, H Herrenstr., Mo–Fr 10–19, Sa 10–18 Uhr. Eines der wenigen in der Kaiserstraße übrig gebliebenen Traditionsgeschäfte. Hier findet sich alles, vom feinen Damenhut für die Rennbahn bis zum einfachen Herrenkäppchen. Und wer möchte, natürlich auch maßgefertigt.

Bewährt – **Modehaus Schöpf: ■ Karte 2, F 4,** Marktplatz, Stadtmitte, Tel. 0721 38 00 06, www.modehaus-schoepf.de, S 1/11, 2, 4/41, 5, Tram 1–5, H Marktplatz, Mo–Sa 10–20 Uhr. Ein großes Modehaus mit Damen-, Herren- und Kindermode, das seit Langem als Familienbetrieb geführt wird. Man achtet hier besonders auf guten Service

und die hohe Qualität der angebotenen Kleidung. Gilt bei traditionsbewussten Karlsruherinnen als ›ihr‹ Geschäft.

Ausgefallen – **Schirm-Weinig: ■ Karte 2, E 4,** Kaiserstr. 201, Stadtmitte, Tel. 0721 254 76, S 1/11, 2, 5, Tram 1–4, 6, H Europaplatz, Mo–Fr 10–19, Sa 10–18 Uhr. Seit 1840 kann man hier nicht nur alle möglichen Regenschirme für Groß und Klein erwerben, sondern defekte Schirme auch reparieren lassen.

Für Männer – **Stober's: ■ Karte 2, E 4,** Erbprinzenstr. 27, Stadtmitte, Tel. 0721 23 11 56, www.stobers.de, S 1/11, 2, 5, Tram 1–4, 6, H Europaplatz, Mo–Fr 10–19, Sa 10–17 Uhr. Roland Stober führt ein geschmackvoll zusammengestelltes und angenehm präsentiertes Sortiment an Herrenmode.

Mehr als eine Tasche – **Tragware: ■ Karte 2, E 4,** Herrenstr. 46, Stadtmitte, Tel. 0721 160 38 88, www.tragware.de,

S 1/11, 2, 5, Tram 1, 3, 4, H Herrenstr., Mo–Fr 10.30–14, 14.30–18.30, Sa 10–16 Uhr. Wenn man mehr als nur eine Tasche möchte, auf gute Verarbeitung und schönes Design Wert legt, ist man hier genau im richtigen Laden.

Secondhand

Erstklassig zweitklassig – **Hot Wollée:** ■ **B 4,** Yorckstr. 24, Weststadt, Tel. 0721 84 94 26, www.hot-wollee.de, S 1/11, 2, 5, Tram 2, 3, H Yorckstr., Di–Fr 10–12.30, 15–18, Sa 10–13 Uhr. Exklusiver Secondhand mit Designermode. Von Otto Kern bis Jil Sander. Klein, aber fein. Bei Frauenkleidung größere Auswahl.

Kinder, Kinder – **Urmel:** ■ **B 4,** Yorckstr. 17, Weststadt, Tel. 0721 830 35 96, www.urmel-ka.de, S 1/11, 2, 5, Tram 2, 3, H Yorckstr., Di, Mi, Do 10.30–12.30, 15–18 , Sa 11–13 Uhr. Ein Kinder-Secondhand mit Babysachen, Spielzeug und Kinderkleidung.

Spielzeug

Zirkusreif – **Henrys – der Aktivladen am Zirkel:** ■ **Karte 2, F 3,** Zirkel 30 d, Stadtmitte, Tel. 0721 35 94 03, www.henrys-online.de, S 1/11, 2, S5/ 51, Tram 1, 3, 4, H Herrenstraße, Mo–Fr 11–19, Sa 10–16 Uhr. Jonglieren, zaubern, Drachen steigen lassen – für alle Liebhaber des Besonderen findet sich etwas bei Henrys. Und Vorsicht, wer noch nicht infiziert war, steckt sich hier mit Sicherheit an!

Paradies nicht nur für Kleine – **Kinderglück:** ■ **Karte 2, E 4,** Erbprinzenstr. 28, Stadtmitte, Tel. 0721 920 34 30, www.spielwaren-kinderglueck.

blockspot.de, S 1/11, 2, 5, Tram 1, 3, 4, H Herrenstr., Mo–Fr 10–18.30, Sa 10–18 Uhr. Viel Holzspielzeug und ein sehr breites Sortiment an ausgewählten Spielsachen, die auch ohne Batterien funktionieren. Ein Laden, in dem man auch als Erwachsener gerne verweilt.

Wochenmärkte

Blumen – **Marktplatz:** ■ **Karte 2, F 4,** Stadtmitte, S 1/11, 2, 4/41, 5, Tram 1–5, H Marktplatz, Mo–Sa 9–20 Uhr. Von Mitte Januar bis Mitte November täglicher Blumenmarkt auf dem bedeutendsten Platz der Stadt. Ein richtiger Marktplatz – wie Stadtbaumeister Weinbrenner ihn wollte – war er nie, da die repräsentative Bedeutung von Beginn an überwog (s. auch S. 42).

Treffpunkt für Feinschmecker – **Stephanplatz:** ■ **Karte 2, E 4,** Stadtmitte, S 1/11, 2, 5, Tram 1–4, 6, H Europaplatz, Mo, Mi, Fr 7.30–14 Uhr. Neben Obst und Gemüse auch eine Reihe an Spezialitäten, Gewürze, Tees, Eingelegtes, Käse etc.

Repräsentativ – **Gutenbergplatz:** ■ **B 4,** s. S. 55.

Stöbern und Trödeln – **City-Flohmarkt:** ■ **Karte 2, E 4,** Stephanplatz, S 1/11, 2, 5, Tram 1–4, 6, H Europaplatz. Von März bis Dezember findet an jedem ersten Samstag des Monats von 8–16 Uhr der City-Flohmarkt statt, der sehr beliebt ist, weil er noch nicht völlig von einschlägigen Profihändlern dominiert wird. Über weitere Termine und Orte informiert das städtische Flohmarkttelefon 07 21 133 72 05.

Ausgehen – abends und nachts

Schlaflos in der City

Auf dem Ludwigsplatz sind an Sommerabenden mehr als 500 Stühle besetzt, und wenn hier gegen Mitternacht von Aufbruch die Rede ist, meint man nicht den Weg in die eigenen vier Wände, sondern hinein ins Nachtleben. Ob in die Cocktailbars, in die vielen Szenekneipen der Oststadt oder die Clubs und Discos, von denen sich einige rund um den Europaplatz versammelt haben – an vielen Orten sind jetzt Tanz und Talk angesagt. Und wenn da oder dort um halb drei die letzte Runde eingeläutet wird, gibt es noch genügend Adressen, die freitags und samstags erst um fünf Uhr schließen.

Let's dance

Klar, das Nachtleben ist in Karlsruhe studentisch geprägt. Aber in Clubs fühlen sich auch ältere Semester mit längst abgelaufenem Studentenausweis wohl. Generell gehört die Discowelt der jüngeren Generation, was nicht heißt, dass Tanzen in Karlsruhe eine Altersfrage wäre. Neben den Diskotheken bieten das Kulturzentrum Tollhaus oder das Substage Partys für jedes Alter und jeden Geschmack: Da wird getanzt, gerockt, zu Sounds der 1980er- und 1990er-Jahre gefeiert. Die Websites der Locations informieren über das breite Spektrum an Themenabenden und Mottopartys. Man beachte: In der Regel wird Wert auf gute Garderobe gelegt! Wer das Event zu seinem Lieblingstanz

sucht, findet es bestimmt unter **www.tanzeninkarlsruhe.de.**

Kartenvorverkauf

TicketForum: Kaiserstr. 217, in der Postgalerie, Tel. 0721 16 11 22, www. ticketforum.de, S 1/11, 2, 5, Tram 1–4, 6, H Europaplatz, Mo–Fr 9.30–19.30, Sa 9.30–17.30 Uhr.

Ticket-Service: Bahnhofsplatz 6, gegenüber vom Hauptbahnhof, Tel. 0721 37 20 53 83/-53 84, www.karlsruhe-tourismus.de, Mo–Fr 8.30–18, Sa 9–13 Uhr.

Musikhaus Schlaile: Kaiserstr. 175, Tel. 0721 130 20, www.schlaile.de, S 1/11, 2, 5, Tram 1, 3, 4, H Herrenstr., Mo–Fr 10–19, Sa 10–18 Uhr.

Viele Karlsruher Kulturveranstalter bieten auf ihren Homepages einen eigenen Kartenvorverkauf an.

Veranstaltungshinweise

Einen Überblick über die Großveranstaltungen in der Stadt gibt **www. messe-karlsruhe.de,** die Website der Karlsruher Messe- und Kongress-GmbH. Allgemeine Informationen bieten die umfangreichen Veranstaltungsmagazine **»Klappe auf«** (www.klappeauf.de) oder **»inka«** (www.inka-magazin.de). Wer sich für das Nachtleben der Stadt interessiert, für besondere Events oder für das Bar-, Club-, Disco- und Tanzangebot, kann sich im Internet unter **www.ka-nightlife.de** umfassend informieren.

Kneipen und Szenelokale

Weiträumig – **Aposto:** ■ **Karte 2, E 4,** Waldstr. 57, Stadtmitte, Tel. 0721 160 77 73, www.aposto.eu/karlsruhe, S 1/11, 2, 5, Tram 1–4, 6, H Europaplatz, Mo–Do 9.30–1, Fr, Sa 9.30–2, So 10.30–1 Uhr. Das Richtige für das kleine Gläschen Wein nach dem Shoppen, für einen Cocktail am späteren Abend oder für einen Imbiss, wenn dann noch der Hunger quält. Die hohen Tische mit Barhockern und der lange Tresen laden ein zum kurzen Drink, wer länger verweilen möchte, findet an einem der zahlreichen Tische auf mehreren Ebenen Platz und kann den Köchen bei ihrer Arbeit zuschauen.

Gastfreundlich – **Brasil:** ■ **Karte 2, D 4,** Amalienstr. 32 a, Stadtmitte, Tel. 0721 237 20, www.brasil-ka.de, S 2, 4/41, 5, Tram 1–5, H Kronenplatz/Universität, Di–Do 20–1 Uhr, Fr, Sa und vor Fei 20–3 Uhr. Kneipe, Bar, Studentenpinte und Künstlertreff – es fällt schwer, auf einen Nenner zu bringen, was dieses Lokal hauptsächlich ist. Man geht am besten hin, um bei Jazz, Musik der 1970er- und 1980er-Jahre, Darts und Billard für sich eine Antwort zu finden.

Abwechslungsreich – **Gelbe Seiten:** ■ **Karte 2, F 4,** Karl-Friedrich-Str. 22, Stadtmitte, Tel. 0721 467 10 73, http://burning-house.de, S 1/11, 2, 4/41, 5, Tram 1–5, H Marktplatz, Mo–Do 11–1 Uhr, Fr, Sa 11–3 , So 10–1 Uhr. Café, Bar und Lounge. Das Besondere an der Bar: Mit Licht- und Motivprojektoren verwandeln sich die Wände und damit das Ambiente in Wüsten-, Meeres- oder Hawaiilandschaften.

Urig – **Harmonie:** ■ **Karte 2, G 4,** Kaiserstr. 57, Dörfle, Tel. 0721 37 42 09, S 2, 4/41, 5, Tram 1–5, H Kronenplatz/Universität, Mo–Do 10–24, Fr, Sa 10–1, So 17–1 Uhr. Beliebte, weil gemütliche Studentenkneipe mit Biergarten im Hinterhof.

Beliebt – **Heilige Sophie:** ■ **Karte 2, D 4,** Sophienstr. 35, Stadtmitte, Tel. 0721 203 92 46, www.heilige-sophie.de, S 1 H Sophienstr., Mo–Do 9–1, Fr, Sa 9–3, So 10–24 Uhr. Das kleine Weinlokal besteht aus verschiedenen Bereichen: einem Ecklokal mit großen Fensterfronten, in deren Nischen man Platz nehmen kann, einem kleinen Speiseraum und dem Gewölbekeller. Dort sitzt man besonders schön bei Kerzenschein und im Winter am offenen Kamin. Regelmäßig finden hier auch kleine Konzerte statt.

Szenisch – **Kap:** ■ **Karte 2, G 4,** s. S. 51.

Hochschultauglich – **Die Kippe:** ■ **H 4,** Gottesauer Str. 23, Tel. 0721 69 78 29, www.die-kippe.de, So–Do 8–1, Fr, Sa 8–2 Uhr, Biergarten tgl. 8–23. Fr, Sa, Fei bis 24 Uhr, ›Studi-Essen‹ ab 3,90 €. Hier kann man super frühstücken und ab dem frühen Mittag den ganzen Tag lang warm essen. Bis nachts um 1 bzw. 2 Uhr ist die Küche geöffnet. Die Preise sind sensationell, die Qualität nicht mal schlecht. Die Kippe ist das einzige Lokal in Karlsruhe mit einer eigenen Kneipenzeitung, die auch online zu lesen ist.

Am Kamin – **Letsche Bacchus:** ■ **Karte 3, C 2,** Rappenstr. 5, Durlach, Tel. 0721 943 00 90, www.alte-schmiede-durlach.de, Tram 1, 8, H Schlossplatz, Do–Sa 19–1 Uhr. Im Gewölbekeller kann man bei einem hervorragenden Tröpfchen und einem Gruße aus der Küche wundervoll relaxen und den Lieben Gott einen guten Mann sein lassen. Der perfekte Ort, um zum Tagesausklang in die richtige Stimmung zu kommen, und das nicht nur in der Winterszeit, wenn der offene Kamin lodert

Schick – **Salmen:** ■ **Karte 2, E 4,** Waldstr. 55, Stadtmitte, Tel. 0721 151 14 38, S 1/11, 2, 5, Tram 1–4, 6, H Europaplatz, So–Do 8–1, Fr, Sa 8–2 Uhr. Eins der drei am Ludwigsplatz regierenden Bar-Bistros. Draußen sitzt man gemütlich, drinnen stilvoll und in der berechtigten Annahme, dass dieser Stil auch ein wenig mehr kostet als übliche Kneipen oder Bars.

Gehört dazu – **Ubu:** ■ **Karte 2, E 3,** Karlstr. 6, Stadtmitte, Tel. 0721 47 00 31 02, www.ubu-karlsruhe.de, S 1/11, 2, 5, Tram 1–4, 6, H Europaplatz, Mo–Sa ab 12 Uhr. In der ältesten Studentenkneipe der Stadt trifft man sich auch zu Brettspielen. Livemusik und Kleinkunst stehen ebenfalls auf dem Programm.

Gemütlich – **Wohnzimmer:** ■ **Karte 2, F 4,** Zähringerstr. 96, Stadtmitte, Tel. 0721 46 71 77 30, www.wohnzimmer-karlsruhe.de, S 1/11, 2, 4/41, 5, Tram 1–5, H Marktplatz, Mo–Fr 11–21, Sa 11–1 Uhr. Lesen, schmökern, ausruhen – ob im Sessel, auf der Couch oder in Opas Schaukelstuhl. Hier geht es entspannt zu. Dabei lässt sich ein Kaffee ebenso genießen wie ein Prosecco oder ein Gläschen Wein. Bei allem aber legen die beiden Hausherrinnen Wert auf Qualität und das Besondere.

Immer wieder gern – **Zwiebel:** ■ **H 4,** s. S. 52.

Bei der Kamuna, der Karlsruher Museumsnacht, herrscht im ZKM großer Besucherandrang

Cocktailbars

Ausgefallen – **Allvitalis Cocktailbar:** ■ **Karte 2, E 3,** Stephanienstr. 38–40, Stadtmitte, Tel. 0721 144 44 44, http://allvitalis-cocktailbar.de, S 1/11, 2, 5, Tram 1–4, 6, H Europaplatz, Mo–Sa 20–1 Uhr. Die Bar gehört zur AAAA-Hotelwelt Kübler und befindet sich im Badisch Brauhaus. Donnerstags zwischen 17 und 19 Uhr gibt es jeden Cocktail zum halben Preis.

Erhöht – **Ohne Gleichen:** ■ **Karte 2, E 4,** Waldstr. 55, Stadtmitte, Tel. 0721 151 14 38, www.ohnegleichen-ka.de, S 1/11, 2, 5, Tram 1–4, 6, H Europaplatz, Mi, Do 19–2, Fr, Sa 20–3 Uhr. Die skurril eingerichtete Bar zählt mit ihren Cocktails beim Publikum diesseits der 50 zu den ›Ins‹ in der Innenstadt.

Genussvoll – **OVAL Lounge:** ■ **Karte 2, G 5,** Rüppurerstr. 1, Südstadt, Tel. 0721 68 07 83 61, www.oval-lounge. de, Tram 6, H Philipp-Reiss-Str., Mo–Do, So 18–1 Uhr, Fr, Sa 18–3 Uhr. Cocktailbar mit einer riesigen Auswahl an Spirituosen und einem kleinen Angebot an Barfood und Fingerfood gegen den Hunger. Die Terrasse über den Dächern der Stadt lädt im Sommer zur After-Work-Party.

Diskotheken und Clubs

Im Durchgang – **App-Club:** ■ **Karte 2, E 4,** Kaiserpassage 6, Stadtmitte, www.app-club.de, S 1/11, 2, 5, Tram 1–4, 6, H Europaplatz, Mi ab 22, Fr, Sa 23–5 Uhr. Der Name ist bei der allabendlichen Partygestaltung Programm. Im modernen Ambiente fühlen sich Jung- und Junggebliebene bei jedem Thema einfach wohl.

Hauptsache schwarz – **CULTeum:** ■ **J 3/4,** Essenweinstr. 9, Oststadt, Tel. 07 21 966 38 29, http://culteum.de, Tram 4, 5, H Karl-Friedrich-Platz, Fr 22–4, Sa 22–5 Uhr. 2007 wurde aus der Kulturruine, einem überregional bekannten Treffpunkt der Untergrundszene, das CULTeum, das einen Gegenakzent zu den Hochglanzclubs setzt. Die Leute in Schwarz und Fledermauslook können sogar Wiener Walzer tanzen, und zwar besser als viele Gäste des Wiener Opernballs. Wer sich traut, sollte sich den Club unbedingt ansehen und mittanzen! Und das tun viele aus der Region von Frankfurt bis Freiburg. ›Mystische Nächte‹, ›Veitstänze‹ oder ›Gothic total‹ heißen die Partyhighlights. Wenn das Outfit noch fehlt, wird man fündig im Spirit Shop fashion & gifts from the darkside (Akademiestr. 34, Mo–Fr 12–19, Sa 12–18 Uhr).

Ausgehen

Bunt – **Deelight:** ■ **Karte 2, D 4,** Hirschstr. 11 a, Stadtmitte, Tel. 0721 20 40 05 85, www.deelight-lounge.de, S 1/11, 2, 5, Tram 1–4, 6, H Europaplatz, So–Do 20–2, Fr, Sa 21–3 Uhr. Beliebter Treff, auch wegen der Themenabende. Von 20 bis 23 Uhr ist Happy Hour, da sind die Cocktails besonders günstig.

Monumental – **Die Stadtmitte:** ■ **Karte 2, F 5,** s. S. 48.

Entspannt – **E-Club:** ■ **Karte 2, D 4,** Amalienstr. 53, Stadtmitte, Tel. 0721 288 22, S 1/11, 2, 5, Tram 1–4, 6, H Europaplatz, Fr, Sa ab 22 Uhr. In dem kleinen Innenstadtclub (früher Eisenstein) ist man auch mit über 30 Jahren gerne gesehen. Hier ist bei eher ruhiger Musik mehr Relaxen als Tanzen angesagt.

Schrill – **enVogue:** ■ **Karte 2, E 4,** Blumenstr. 10, Stadtmitte, Tel.. 0721 597 83 40, www.envoguenightclub.de, S 1/11, 2, 5, Tram 1–4, 6, H Europaplatz, Fr, Sa und vor Fei 22–5 Uhr. Bevorzugt junges, studentisches Publikum. Die Musik spielt querbeet.

Rhythmisch – **Gotec:** ■ **Karte 4, D 2,** Gablonzerstr. 11, Mühlburg, Tel. 0721 596 47 61, http://gotec-club.de, Tram 2, H Siemensallee, Fr, Sa 23–5 Uhr. Das Gotec ist mehr als nur ein Musikclub. Bei Liveauftritten und Ausstellungen dreht sich nicht alles ausschließlich ums Tanzen.

Abwechslungsreich – **Jazzclub Karlsruhe e. V.:** ■ **K 4/5,** s. S. 66.

Draußen – **JetSet:** ■ **Karte 4, D 2,** Am Storrenacker 3, Hagsfeld, Tel. 0721 961 49 69, www.jetset-ka.de, Stadtbus 31, H Am Storrenacker Süd, Fr, Sa 22–5, So 19–1 Uhr. Disco mit unterschiedlichen Tanzbereichen auf mehreren Ebe-

nen. Hier legt man Wert auf ein gepflegtes Äußeres.

Edel – **Heimat:** ■ **E 7,** Bahnhofplatz 1, Südweststadt, Tel. 0721 47 04 74 44, www.h-e-i-m-a-t.de, Fr, Sa 23–5 Uhr, S 1/11, 4/41, 5/51, Tram 2, 3, 6, H Hauptbahnhof. Junger Club für alle ab 23 Jahre. Auf gutes Erscheinungsbild wird Wert gelegt.

Für alle – **Liebstöckel:** ■ **Karte 2, H 4,** Kaiserstr. 21, Stadtmitte, Tel. 0721 37 68 68, http://liebstoeckel-ka.de/, S 2, 4/41, 5, Tram 1, 2, 4, 5, H Durlacher Tor, Mi 22–4, Do 22–3, Fr, Sa 22–5 Uhr. In diesem Musikclub ist das Publikum studentisch geprägt. Ab und an gibt es Livekonzerte. Deutsche und internationale DJs bringen verschiedene Musikstile zum Klingen. Dazu gehören u. a. Indie, Punk, Alternative und Electric Beats.

Abtanzen – **Nachtwerk Musikclub:** ■ **Karte 4, C 2,** Pfannkuchstr. 14, Grünwinkel, www.nachtwerk-musikclub.de, Tram 6, H Stadtwerke, Fr 22–4, Sa 22–5 Uhr. Musikclub in einem alten Gewölbekeller aus dem 19. Jh., der früher als Lager diente. Heute finden hier auf großer Tanzfläche die verschiedensten Partys statt.

Überirdisch – **Substage:** ■ **K 5,** s. S. 66.

Schwul und Lesbisch

Eine gute Übersicht über die Freizeitangebote für Schwule und lesben bietet www.karlsruhe.gay-web.de.

Anders – **Erdbeermund:** ■ **Karte 2, G 5,** Baumeisterstr. 54, Südstadt, Tel. 0721 37 42 42, Tram 3, H Baumeisterstr., Di–Sa 20–3 Uhr. Disco mit aktuellen und nostalgischen Titeln. Marianne Rosenberg kommt hier ebenso zu Wort wie die ›2raumwohnung‹. Ab und an finden auch Livekonzerte statt. Bevorzugter Treffpunkt für schwules und lesbisches Publikum.

Kontaktfreudig – **Prinz S:** ■ **Karte 2, G 4,** s. S. 51.

Kino

Städtisch – **Die Kurbel:** ■ **Karte 2, E 3/4,** Kaiserpassage 6, Stadtmitte, Tel. 0721 83 18 53 00, www.kurbel-karlsruhe.de, S 1/11, 2, 5, Tram 1–4, 6, H Europaplatz. Kleines Kino mit drei Sälen, das sich bereits seit 1957 hier befindet. Das Foyer lässt nach einem Umbau 2010 die Gründungzeit lebendig werden.

Treffpunkt – **Filmpalast am ZKM:** ■ **C/D 6,** s. S. 60 und Foto S. 88/89.

Ein Muss – **Schauburg:** ■ **Karte 2, G 5,** s. S. 49.

Leicht erreichbar – **Universum-City:** ■ **Karte 2, E 4,** Kaiserstr. 152–154, Stadtmitte, Tel. 0721 16 10 80, www.kinopolis.de, S 1/11, 2, 5, Tram 1–4, 6, H Europaplatz. Ein Kino mitten im Herzen der Stadt mit fünf Sälen, die zwischen 60 und 225 Zuschauer fassen. Klassisches Programm der Großkinos.

Kleinkunst

Nicht schwäbisch! – **D'Badisch Bühn:** ■ **Karte 4, C/D 2,** Durmersheimer Str. 6, Grünwinkel, Tel. 0721 55 25 00, www.badisch-buehn.de, S 2, 5, Tram 2, 5, H Entenfang, dann Fußweg

über Vogesenbrücke. Hier hat ein Karlsruher Original namens ›Schupi‹ eine volkstümliche Saalrevue eingerichtet. Mit Biergarten, Gaststube und Hotel.

Alternativ – **Jubez:** ■ **Karte 2, G 4,** Am Kronenplatz 1, Stadtmitte, Tel. 0721 93 51 93 (Sekretariat), www.jubez.de, S 2, 4/41, 5, Tram 1–5, H Kronenplatz/Universität. Das Jugend- und Begegnungszentrum Jubez gibt es seit 1982. Es liegt mitten in der Stadt und ist weit mehr als ein übliches Jugendzentrum. Etwa 200 Einzelveranstaltungen bieten Livemusik aller Populärstile ebenso wie Newcomer-Wettbewerbe, Kleinkunst, Theater, Kindertheater und Kinderfilme. Außerdem bietet das Jubez Kabarett und Lesungen.

Immer eine gute Wahl – **Die Spiegelfechter:** ■ **Karte 3, B 2,** s. S. 70.

Für Klein und Groß – **Marotte Figurentheater:** ■ **C 4,** Kaiserallee 11, im Fabriktheater, Weststadt, Tel. 0721 84 15 55, www.marotte-figurentheater.de, S 1/11, S 2, 5, Tram 1–3, 6, H Mühlburger Tor. Ein beliebtes, experimentierfreudiges Theater, nicht nur, aber besonders für Kinder. Stoffe aus Märchen und neueren Kinderbüchern werden mit Handpuppen, Marionetten, frei erdachten Formen und Anleihen aus dem Schwarzen Theater umgesetzt.

Große Kleinkunst – **Kulturzentrum Tollhaus:** ■ **K 5,** s. S. 65.

Künstlerisch – **Tempel:** ■ **Karte 4, D 2,** Hardtstr. 37 a, Mühlburg, Tel. 0721 554174, www.kulturverein-tempel.de, S 2, 5, Tram 2, 5, H Entenfang. Der Kulturverein Tempel nutzt das denkmalgeschützte Gebäude der ehemaligen Brauerei Seldeneck. Er versteht sich als soziokulturelles Zentrum. Man sieht

Veranstaltungsorte

In Karlsruhe gibt es mehrere Locations für Großveranstaltungen jeglicher Art, die unter der Regie der **Karlsruher Messe- und Kongress-GmbH (KMK)** stehen. Dazu gehören das **Kongresszentrum** (■ **Karte 2, F 5,** s. S. 76) mitten in der City am Festplatz, das vier verschiedene Veranstaltungsgebäude mit insgesamt ca. 13 000 Sitzplätzen umfasst, die 4400 m² große **Europahalle** (■ **B 6,** s. S. 73) im Südwesten der Stadt mit einer Kapazität für bis zu 9000 Besucher sowie die **Messe Karlsruhe** (■ **Karte 4, C 2,** Messeallee 1, B 36, Rheinstetten, www.messe-karlsruhe.de, S 2, H Leichtsandstr./Messe, bei Veranstaltungen Shuttlebus ab Hauptbahnhof). Die preisgekrönte Architektur der Messe bietet in drei säulenfreien, lichtdurchfluteten Hallen und der dm-arena insgesamt 52 000 m² Ausstellungs- und Aktionsfläche. Die **dm-arena,** mit 10 000 Zuschauerplätzen die größte Veranstaltungsstätte der Stadt, ist mit allem ausgestattet, was man sich an zeitgemäßer Technik vorstellen kann. Sie ist ein Ort für Konzerte, Sport, Kongresse und TV-Shows. Mit Gottschalks »Wetten, dass« hatte die Multifunktionshalle im Oktober 2003 ihre große Fernsehpremiere. Ihren Namen erhielt sie von der dm-Drogeriemarktkette, die ihren Stammsitz in Karlsruhe hat. Ein weiteres multifunktionales Veranstaltungszentrum steht in Neureut mit der **Badnerlandhalle** (■ **Karte 4, D 1,** Rubensstr. 21, Tel. 0721 780 51 62, www.badnerlandhalle.de, S 1/11, H Neureut-Bärenweg). Angeschlossen ist das Restaurant Badnerland.

und hört im Tempel auch immer wieder interessante und ungewöhnliche Formationen (z. B. Saxophonquartett) und Präsentationen. Neben den Bühnenveranstaltungen gibt es Tanzkurse, Kunstwerkstätten, Tauschbörsen und das Tanztheaterfestival im November.

Theater

Klassisch – **Badisches Staatstheater:** ■ Karte 2, F 5, Baumeisterstr. 11, Südstadt, Tel. 0721 93 33 33, www.staatstheater.karlsruhe.de, S 1/11, 4/41, Tram 2, 5, H Ettlinger Tor/Staatstheater, Tageskasse Mo–Fr 10–18.30, Sa 10–13 Uhr, auch Online-Kartenverkauf, s. auch S. 48. Neben dem klassischen Programm rund um Oper, Schauspiel und Ballett bietet das Badische Staatstheater ein breites Zusatzangebot. Neben Themenabenden und Themenwochen stehen Gespräche, Matineen oder auch Begegnungen mit dem Ensemble auf dem Programm. Auch das Kinder- und Jugendangebot ist beachtenswert.

Klein und Jung – **Die Insel:** ■ Karte 2, E 5, Karlstr. 49 b, Stadtmitte, Tel. 0721 355 74 50, www.staatstheater.karlsruhe.de, Tram 2, 4, 6, H Karlstor, Vorverkauf s. Badisches Staatstheater. 2000 wurde das Karlsruher Theater an das Staatstheater angegliedert. Seit September 2011 ist die Insel Hauptspielstätte für Kinder- und Jugendproduktionen des Jungen Staatstheaters.

Facettenreich – **Jakobustheater:** ■ C 4, Kaiserallee, 11, im Fabriktheater, Weststadt, Tel. 0721 85 42 45, www.jakobus-theater.de, S1/11, 2, 5, Tram 1–3, 6, H Mühlburger Tor. Das engagierte Amateurtheater zeigt einen vielseitigen Spielplan von Klassik über Ko-

mödie bis Kabarett. Unter professioneller Regie entstehen jährlich bis zu drei Neuproduktionen. Unbedingt ansehen!

Kreativ – **Die Käuze:** ■ Karte 4, D 1/2, Königsbergerstr. 9, Waldstadt, Tel. 0721 684207, www.kaeuzetheater.de, Tram 4, H Glogauerstr., Vorverkauf Di, Do 10–12 Uhr. Das Kinder-, Jugend- und Erwachsenentheater ist das einzige Kellertheater in der Stadt. Neben dem Spielplan stehen musikalische Veranstaltungen, Lesungen und Ausstellungen auf dem Programm.

Amüsant – **Kammertheater:** ■ Karte 2, E 4, s. S. 45.

Außergewöhnlich – **Orgelfabrik:** ■ Karte 3, B 2, s. S. 70.

Facettenreich – **Sandkorntheater:** ■ C 4, Kaiserallee, 11, im Fabriktheater, Weststadt, Tel. 0721 84 89 84 (Programm und Karten), www.sandkorntheater.de, S 1/11, 2, 5, Tram 1–3, 6, H Mühlburger Tor. Das 1956 gegründete Privattheater ist seit Langem ein wichtiger Teil der Karlsruher Kulturszene. Im ehemaligen Gebäude der Stadtwerke verfügt es über das große Fabriktheater sowie ein intimes Studio. Die Inszenierung moderner und oft unbequemer Programminhalte haben dem Sandkorn großes Ansehen verschafft. Bei aller kritischen Reflexion ging dabei die Lust an der Komödie nie verloren.

Mehr als Amateure – **Die Spur,** Kronenplatz, im Jubez (■ Karte 2, G 4), Stadtmitte, Tel. 0721 86 55 44, www.theaterdiespur.de, S1/11, 2, 4/44, 5, Tram 1–5, H Kronenplatz. Die Bühne des Stadtjugendausschusses e. V. Karlsruhe ist das älteste Amateurtheater der Stadt und zählt zu ihren innovativen Kleinbühnen mit hohem Anspruch.

Register

Das Klima im Blick

Reisen bereichert und verbindet Menschen und Kulturen. Wer reist, erzeugt auch CO_2. Der Flugverkehr trägt mit bis zu 10 % zur globalen Erwärmung bei. Wer das Klima schützen will, sollte sich – wenn möglich – für eine schonendere Reiseform entscheiden oder die Projekte von *atmosfair* unterstützen. Flugpassagiere spenden einen kilometerabhängigen Beitrag für die von ihnen verursachten Emissionen und finanzieren damit Projekte in Entwicklungsländern, die dort den Ausstoß von Klimagasen verringern helfen *(www.atmosfair.de)*. Auch der DuMont Reiseverlag fliegt mit *atmosfair!*

Autoren | Abbildungsnachweis | Impressum

**Unterwegs mit
Simone Maria Dietz und
Helmuth Bischoff**

Dass Karlsruhe erstaunlich vielseitig und erfrischend jung ist, erleben die Autoren bei ihren Streifzügen durch die Stadt immer wieder. Die freiberufliche Kunsthistorikerin Simone Maria Dietz schätzt das spannende Kultur- und Unterhaltungsangebot – von klassisch bis modern, von hochkarätig bis avantgardistisch. Karlsruhe kann durchaus mit größeren Metropolen mithalten, bestätigt auch Helmuth Bischoff, der als Journalist viel herumkommt.

Abbildungsnachweis

Badisches Landesmuseum Karlsruhe: S. 29
Peter Bastian, Karlsruhe: S. 56, 64
Helmuth Bischoff, Heidelberg: S. 120 re.
Cantina Majolika, Karlsruhe: S. 98
Simone Maria Dietz, Karlsruhe: S. 120 li.
DuMont Bildarchiv, Ostfildern: S. 80, 82, 85, 94, 101 (Freyer)
Andrea Fabry, Ettlingen: S. 55
Glow Images, München: S. 26/27 (Image-Brocker)
Hotel Rio, Karlsruhe: S. 90, 93
Karlsruher Institut für Technologie: S. 10
Karlsruher Messe- und Kongress-GmbH: S. 114 (Behrendt & Rausch)
Karlsruhe Tourismus: S. 13, 68
KASIG, Karlsruhe: S. 47 (ARTIS-Uli Deck)
Laif, Köln: S. 81 (Kreuels); 61 (Mueller)

Daniel Landmann, Karlsruhe: Titelbild
Staatliches Museum für Naturkunde Karlsruhe: S. 44
Stadtmarketing Karlsruhe GmbH: S. 36, 58; 18, 88/89, 108, 110/111 (ARTIS-Uli Deck); 48, 76 (Bildarchiv KMK); 4/5, 7, 8, 50, 72 (Bildstelle Stadt Karlsruhe/Fränkle); 15 (JODO); 28 (KMK/Mende); 53, 66, 78, 104 (Müller); 32, 41, 74 (Müller-Gmelin); 102 (ONUK)
stattreisen Karlsruhe: S. 38 (Straub)
ZKM, Karlsruhe: S. 59 (Andrea Fabry)

Kartografie

DuMont Reisekartografie, Fürstenfeldbruck, © Stadt Karlsruhe, Liegenschaftsamt (LA)
© DuMont Reiseverlag, Ostfildern (alle übrigen)

Titelbild: Zentraler Blickfang in der Stadt – das Karlsruher Schloss

Hinweis: Autoren und Verlag haben alle Informationen mit größtmöglicher Sorgfalt geprüft. Gleichwohl sind Fehler nicht vollständig auszuschließen. Alle Angaben erfolgen ohne Gewähr. Bitte schreiben Sie uns! Über Ihre Rückmeldung zum Buch und Verbesserungsvorschläge freuen sich Autoren und Verlag:
DuMont Reiseverlag, Postfach 3151, 73751 Ostfildern,
info@dumontreise.de, www.dumontreise.de

1. Auflage 2013
© DuMont Reiseverlag, Ostfildern
Alle Rechte vorbehalten
Redaktion/Lektorat: Marianne Bongartz
Grafisches Konzept: Groschwitz/Blachnierek, Hamburg
Printed in Germany